PETRA CNYRIM

UNNÜTZES WISSEN
FÜR KINDER

PETRA CNYRIM

riva

Bibliografische Information der Deutschen Nationalbibliothek
Die Deutsche Nationalbibliothek verzeichnet diese Publikation in der Deutschen Nationalbibliografie. Detaillierte bibliografische Daten sind im Internet über http://d-nb.de abrufbar.

Für Fragen und Anregungen
info@rivaverlag.de

Originalausgabe
1. Auflage 2021
© 2021 by riva Verlag, ein Imprint der Münchner Verlagsgruppe GmbH
Türkenstraße 89
80799 München
Tel.: 089 651285-0
Fax: 089 652096

Alle Rechte, insbesondere das Recht der Vervielfältigung und Verbreitung sowie der Übersetzung, vorbehalten. Kein Teil des Werkes darf in irgendeiner Form (durch Fotokopie, Mikrofilm oder ein anderes Verfahren) ohne schriftliche Genehmigung des Verlages reproduziert oder unter Verwendung elektronischer Systeme gespeichert, verarbeitet, vervielfältigt oder verbreitet werden.

Redaktion: Ulrike Reinen
Umschlaggestaltung und Layout: Catharina Aydemir
Umschlagabbildung: shutterstock.com/H Art, Irina Levitskaya, Separisa, Yaran
Abbildungen Innenteil: shutterstock.com/dimpank, ShadeDesign, Anne Punch, Iitts, WindVector, Designsoul, curiosity, KY726871, BudOlga, Galore
Satz: Helmut Schaffer, Hofheim a.Ts.
Druck: CPI books GmbH, Leck
Printed in Germany

ISBN Print 978-3-7423-1463-5
ISBN E-Book (PDF) 978-3-7453-1140-2
ISBN E-Book (EPUB, Mobi) 978-3-7453-1141-9

Weitere Informationen zum Verlag finden Sie unter

www.rivaverlag.de

Beachten Sie auch unsere weiteren Verlage unter www.m-vg.de

INHALT

Vorwort	7
Der Mensch	9
Natur	41
Tiere	53
Der Weltraum	127
Wissenschaft und Technik	139
Rund um die Welt	157
Bunt gemischt	187

Unnützes Wissen ist manchmal gar nicht so unnütz, wie man denkt! Vor allem ist es spannend, erstaunlich und oft auch sehr lustig. Vielleicht findest du sogar ein paar Dinge, die dich so sehr interessieren, dass du selbst ein wenig genauer nachforschen möchtest. Denn wenn man sich einmal in die Welt des unnützen Wissens begibt, ist man wirklich verblüfft, über welche unglaublichen Fakten man stolpert.

Wer weiß schließlich, dass eine Schnecke 40 000 Zähne hat, die auf ihrer Zunge sitzen? Oder dass 15 Prozent der Luft, die wir in der U-Bahn einatmen, aus Hautschüppchen besteht? Damit kannst du bestimmt auch deine Eltern, Freunde oder Mitschüler beeindrucken. Und möglicherweise wirst du dieses Wissen eines Tages selbst brauchen können ...

Dieses Buch ist in die Themen „Der Mensch", „Die Natur", „Tiere", „Der Weltraum", „Wissenschaft und Technik" und „Rund um die Welt" unterteilt, außerdem gibt es am Ende noch das Kapitel „Bunt gemischt". Du kannst dir entweder dein Lieblingsgebiet heraussuchen oder das Buch von vorn nach hinten durchlesen, ganz wie du magst.

Ich wünsche dir viel Spaß auf deiner Entdeckungsreise durch die Welt des unnützen Wissens!

Deine
Petra Cnyrim

DER MENSCH

Wir haben keine Muskeln in unseren Fingern. Die Bewegungen werden durch Muskeln in den Armen und Handflächen gesteuert.

Die Oberschenkelknochen eines Menschen sind härter als Beton.

NUR EIN PROZENT DER MENSCHEN SCHAFFT ES, MIT DER EIGENEN ZUNGE DEN ELLBOGEN ABZULECKEN.

In seltenen Fällen können wir sogar im Gesicht eine Gänsehaut bekommen.

In unseren Füßen befinden sich mehr Sinneszellen als im Gesicht.

STUDIEN HABEN BEWIESEN, DASS FRAUEN MEHR LESEN ALS MÄNNER. MEHR ALS DIE HÄLFTE DER FRAUEN KAUFEN SICH REGELMÄßIG LESESTOFF.

Die Zellen in unserem Körper sind so klein, dass mehr als 10 000 von ihnen auf dem Kopf eines Nagels Platz hätten.

Mittags schlafen ist gesund. Die Wissenschaftler wissen bis heute nicht genau, warum wir mittags oft müde werden. Wahrscheinlich liegt es am Essen. Der Körper braucht die Energie, um zu verdauen. In vielen Ländern ist es ganz normal, einen Mittagsschlaf zu machen.

NACHRICHTEN VOM GEHIRN WERDEN MIT ÜBER 300 STUNDENKILOMETERN ÜBER DIE NERVEN DURCH DEN KÖRPER GELEITET.

Bei schwachem Licht haben wir weniger Hunger. Das liegt daran, dass der Körper dann auf „Nachtmodus" umstellt und weniger Lust auf Essen und Verdauen hat. Er ruht sich lieber aus.

Der größte Mensch der Welt war 2,72 Meter groß. Er lebte von 1918 bis 1940 in Amerika und hieß Robert Wadlow.

EIN FINGERNAGEL BRAUCHT ETWA SECHS MONATE, BIS ER VOM ANSATZ BIS ZUR NAGELSPITZE NACHGEWACHSEN IST.

Den eigenen Geburtstag teilt man rechnerisch mit neun Millionen anderen Geburtstagskindern.

Tote können eine Gänsehaut bekommen. Das liegt daran, dass es sich dabei um einen Reflex handelt. Also um etwas, was nicht kontrolliert vom Gehirn ausgelöst wird, sondern von selbst passiert. Und weil die Nerven noch einige Zeit nach dem Eintritt des Todes reagieren können, bekommen Tote manchmal eine Gänsehaut, wenn es kalt ist.

MIT DEM STROM, DER IN UNSEREM GEHIRN FLIEßT, KÖNNTE MAN EINE ELEKTRISCHE SPIELZEUGEISENBAHN ODER EINE GLÜHBIRNE BETREIBEN. ES BRAUCHT GANZE 30 WATT, UM ZU FUNKTIONIEREN.

Man weiß nicht genau, warum, aber die Fingerabdrücke von Kindern verschwinden schneller von Oberflächen als die von Erwachsenen.

Die menschliche Nase kann eine Billion verschiedene Gerüche unterscheiden.

> MAN GEHT DAVON AUS, DASS KINDER IM FRÜHLING SCHNELLER WACHSEN ALS IM SOMMER.

Wir benutzen mehr als 70 Muskelarten, wenn wir sprechen.

Im Durchschnitt braucht ein zehn Jahre altes Kind ungefähr 20 Minuten, bis es eingeschlafen ist.

DAS EINZIGE NAHRUNGSMITTEL DER WELT, DAS WIRKLICH ALLE NÄHRSTOFFE FÜR DEN MENSCHEN ENTHÄLT, IST DIE MUTTERMILCH.

Zahnarzt ist einer der ältesten Berufe der Welt. Es gibt schon seit 7000 vor Christus Berichte über die Zahnheilkunde.

Der häufigste Vorsatz zum neuen Jahr ist, abzunehmen.

DAS HERZ EINER FRAU IST KLEINER ALS DAS EINES MANNES. DESHALB MUSS ES UNGEFÄHR 1,2 MAL SO OFT WIE DAS DES MANNES SCHLAGEN, DAMIT DAS BLUT AUCH DURCH DEN GANZEN KÖRPER GEPUMPT WIRD.

Robert Chesebrough, der Erfinder der Vaseline, aß jeden Tag einen Löffel davon. Er wollte den Menschen zeigen, dass Vaseline heilende Wirkungen haben kann. Deshalb fügte er sich auch selbst Verletzungen zu und versorgte sie mit seiner Erfindung. Das Ergebnis zeigte er den Menschen auf der Straße und schaffte es so, dass bis heute beinahe in jedem Haushalt ein Töpfchen Vaseline zu finden ist.

Der Hauptanteil von Staub in unserem Wohnraum stammt von toten Hautzellen, die wir „abwerfen".

WER SICH BEIM DUSCHEN ÜBER DIE FÜßE PINKELT, BEKOMMT SELTENER FUßPILZ, WEIL DER URIN DESINFIZIEREND WIRKT.

Es gibt Tumore, denen Haare, Zähne und Knochen wachsen können.

Fingernägel wachsen langsamer, wenn es kalt ist.

WER ZU VIELE KAROTTEN ISST, BEKOMMT MIT DER ZEIT EINE RÖTLICHE HAUTFARBE.

Die längste Monopoly-Partie, die je in einer Badewanne gespielt wurde, dauerte 99 Stunden.

Das erste Telefonbuch entstand im 19. Jahrhundert und hatte weniger als 200 Nummern, die man anrufen konnte. Damals besaßen nur sehr wenige Menschen ein eigenes Telefon.

1911 SCHAFFTE ES BOBBY LEACH ALS ZWEITER MENSCH DER WELT, SICH IN EINEM FASS DIE NIAGARAFÄLLE HINUNTERZUSTÜRZEN. 15 JAHRE SPÄTER RUTSCHTE ER AUF EINER ORANGENSCHALE AUS. ER WURDE BEI DEM STURZ SO SCHWER VERLETZT, DASS MAN IHM EIN BEIN ABNEHMEN MUSSTE. DIE WUNDE ENTZÜNDETE SICH UND ER STARB EINIGE MONATE SPÄTER AN EINER BLUTVERGIFTUNG.

Jedes Jahr haben fast 70 Millionen Menschen eine Lebensmittelvergiftung. Das kommt meistens davon, dass die Lebensmittel nicht richtig aufbewahrt werden und verderben. Die Bakterien und Viren, die sich bilden, können im schlimmsten Fall sogar tödlich für den Menschen sein.

Wer vorm Zubettgehen grünen Tee trinkt, nimmt im Schlaf ab. Das liegt daran, dass der Tee den Stoffwechsel des Körpers ankurbelt, und auf diese Weise werden mehr Kalorien verbrannt.

Auch einer Mumie, die mehrere Tausend Jahre alt ist, kann man noch Fingerabdrücke abnehmen.

Fast jeder hat zumindest einmal im Leben einen Traum, der so echt erscheint, dass er nicht unterscheiden kann, ob das alles wirklich passiert ist oder nicht.

Im Sommer wachsen unsere Haare schneller als im Winter. Das liegt daran, dass der ganze Stoffwechsel im Sommer schneller ist. Im Winter läuft der Körper sozusagen auf Sparflamme, um Energie zu sparen.

DIE TEMPERATUR KANN UNSERE STIMMUNG BEEINFLUSSEN. WENN WIR ZUM BEISPIEL EIN WARMES GETRÄNK IN DER HAND HALTEN, SIND WIR EHER FREUNDLICHER ZU ANDEREN, ALS WENN DAS GETRÄNK SCHON WIEDER KALT GEWORDEN IST.

Unsere Augen sind so scharf, dass wir, wenn die Erde flach wäre, bei Dunkelheit eine brennende Kerze aus einer Entfernung von bis zu 60 Kilometern sehen könnten.

WIR MENSCHEN BRAUCHEN, UM GERADEAUS GEHEN ZU KÖNNEN, IMMER EINEN SICHTBAREN ANHALTSPUNKT, SODASS WIR SEHEN, WO WIR HINGEHEN. MIT VERBUNDENEN AUGEN LÄUFT MAN AUTOMATISCH IM KREIS.

In einem menschlichen Körper befinden sich so viele Bakterien, dass man damit ein Glas füllen könnte. Wir brauchen Bakterien, um zu überleben. Allein im Darm befinden sich um die 100 Billionen davon. Sie helfen bei der Verdauung unserer Nahrung und dienen der Abwehr von Krankheiten.

Mehr als die Hälfte aller Haustierbesitzer schläft mit seinem Tier im Bett.

WENN MAN EIN JUCKEN IM HALS VERSPÜRT, KANN ES HELFEN, SICH AM OHR ZU KRATZEN. MAN WEISS NICHT GENAU, WARUM DAS SO IST, ABER MAN GEHT DAVON AUS, DASS ENTWEDER DIE ABLENKUNG HILFT ODER DASS ES EINE VERBINDUNG ZWISCHEN DEN NERVENBAHNEN GIBT.

Schmiert man fettarmen Joghurt auf einen Sonnenbrand, lindert es die Schmerzen. Das liegt daran, dass er kühlt und außerdem wichtige Bakterien für die Erholung der Haut liefern kann.

Kinder bekommen nur dann rote Haare, wenn auch beide Eltern rote Haare haben. Die seltenste Kombination der Welt sind rote Haare mit blauen Augen.

JEDES JAHR STERBEN MEHR MENSCHEN DURCH HERUMFLIEGENDE SEKTKORKEN ALS DURCH GIFTIGE SPINNEN.

Man hat herausgefunden, dass fast alle Babys lieber am rechten als am linken Daumen lutschen.

Jedes Jahr ersticken in Deutschland mehrere Hundert Menschen an verschluckten Kugelschreiberkappen.

Lesen trainiert das Gehirn und die Fähigkeit mitzufühlen.

WENN WIR NIESEN, SCHLIEßEN SICH IMMER AUTOMATISCH DIE AUGEN. DIE WISSENSCHAFTLER GLAUBEN, DASS ES SICH DABEI UM EINEN REFLEX HANDELT, DER DAVOR SCHÜTZEN SOLL, DASS BAKTERIEN IN DIE AUGEN GERATEN.

> Das menschliche Herz schlägt ungefähr 100 000 Mal am Tag und 36 500 000 Mal in einem Jahr.

Man hat herausgefunden, dass Menschen, die ein Buch nicht mehr weiterlesen möchten, die Entscheidung meistens zwischen den Seiten 18 und 20 treffen.

ES IST WISSENSCHAFTLICH BEWIESEN, DASS UNSER STRESS-PEGEL SINKT, WENN WIR NUR ZEHN MINUTEN LANG EIN TIER STREICHELN.

Bei Sodbrennen hilft es oft, eine Banane zu essen. Sie kleidet den Magen mit einer Schicht aus, sodass die Säure nicht mehr hochsteigen kann.

Die Lunge eines Erwachsenen ist um die 100 Quadratmeter groß, wenn man sie ausbreitet. In ihr gibt es etwa 300 Millionen Lungenbläschen, die für den Luftaustausch zuständig sind.

Der kleinste Knochen im menschlichen Körper ist gerade mal zwei bis drei Millimeter groß und wiegt ungefähr drei Milligramm. Er befindet sich im Mittelohr und heißt Steigbügel.

Nase und Ohren wachsen ein Leben lang.

Der Körper braucht ungefähr zwölf Stunden, um eine Mahlzeit ganz zu verdauen.

Das Gehirn braucht ein Viertel vom Sauerstoff, der sich in unserem Körper befindet, um zu funktionieren.

Erwachsene müssen ungefähr zehnmal in einer Minute blinzeln – Kinder nur ein- bis zweimal.

Jeder Mensch hat einen einzigartigen Fingerabdruck. Das ist bei der Zunge genauso – jeder hat einen einmaligen „Zungenabdruck".

MENSCHEN KÖNNEN UNGEFÄHR 10 000-MAL BESSER RIECHEN ALS SCHMECKEN.

Unser Blut macht ungefähr sieben Prozent unseres gesamten Gewichts aus.

Das menschliche Gehirn ist dreimal größer als das von Säugetieren, die genauso groß sind wie wir.

DIE LINKE GEHIRNHÄLFTE STEUERT DIE RECHTE SEITE DES KÖRPERS UND UMGEKEHRT.

Der Schädel eines Menschen besteht aus 30 Knochen.

Das Gehirn eines Erwachsenen wiegt ungefähr 1,5 Kilogramm.

BEINAHE ALLE LEBEWESEN AUF DER ERDE HABEN AUGEN. JEDE ART HAT AUGEN, DIE AM BESTEN AUF DIE LEBENSWEISE ABGESTIMMT SIND.

Jedes Auge hat einen „Blinden Fleck". Das ist der Ausgang für den Sehnerv. Damit wir ihn nicht wahrnehmen, benutzt das Gehirn die Information vom anderen Auge und füllt damit die Lücke.

Haare sind sozusagen tot. Nur unter der Haut, an der Haarwurzel, lebt und wächst es. Alles was man außerhalb sieht, lebt nicht mehr.

Es gibt nur drei Bereiche am menschlichen Körper, auf denen keine Haare wachsen: die Fußsohlen, die Handflächen und die Lippen.

Glatte Haare haben einen runden Querschnitt – gelockte Haare einen unregelmäßigen.

Am schnellsten wachsen die Haare im Gesicht.

Ein Haar wird zwischen zwei und sieben Jahre alt.

Wir verlieren jeden Tag an die 100 Haare.

Jeder Mensch hat mehr als 650 Muskeln. Davon sind allein 50 im Gesicht.

Wenn wir lächeln, benutzen wir 17 verschiedene Muskeln im Gesicht.

Die Kiefermuskeln sind die stärksten im Körper.

Die meiste Arbeit hat der Herzmuskel.

Die Muskeln, die unsere Augen bewegen, sind eigentlich viel zu stark. Sie sind ungefähr hundertmal stärker, als sie sein müssten, um die Augen zu bewegen.

In einem menschlichen Gehirn gibt es an die 100 Milliarden Neuronen. Neuronen sind Nervenzellen, die Signale verarbeiten und weiterleiten.

Die Nervenzellen schaffen es, ein Signal in einer Sekunde 100 Meter weit zu leiten.

Wenn der Mensch auf die Welt kommt, hat er an die 300 Knochen. Mit der Zeit wachsen einige zusammen, sodass Erwachsene dann nur noch ungefähr 206 haben.

Knochen heilen von selbst und wachsen wieder zusammen, wenn sie gebrochen sind. Natürlich muss man trotzdem zum Arzt gehen.

Bis ungefähr zum 25. Lebensjahr sind alle Knochen im menschlichen Skelett ganz ausgewachsen. Danach (ab etwa 30 Jahre) bauen sie wieder ab – denn sie werden brüchiger.

ZÄHNE ZÄHLEN NICHT ALS KNOCHEN.

Ein Viertel aller Knochen findet man beim Menschen in den Händen. Wenn man nachzählt, kommt man auf ganze 27 Stück.

> Popel essen ist gesund. Die Stoffe, die von der Nase herausgefiltert werden, können in kleinen Mengen das Immunsystem anregen.

IM BAUCHNABEL EINES MENSCHEN LEBT EINE GANZE WELT VOLLER BAKTERIEN.

Innerhalb von einer Sekunde schafft es unser Körper, 25 Millionen neue Zellen entstehen zu lassen. Das heißt, in fünf Minuten wären das so viele, wie Menschen auf der Erde leben.

Wenn man alle Nervenbahnen im Gehirn aneinanderlegen würde, könnte man sie 145 Mal um die Erde legen.

WENN WIR NIESEN, WERDEN DIE BAKTERIEN MIT BIS ZU 160 STUNDENKILOMETERN AUS DER NASE GESCHLEUDERT.

Frauen können mehr schmecken als Männer. Das liegt daran, dass sie mehr Geschmacksnerven haben.

Wir können beim Atmen nicht gleichzeitig schlucken. Säuglinge können das schon.

IM SCHNITT PUPST JEDER MENSCH UNGEFÄHR 14 MAL AM TAG.

> Im Schlaf kann man nichts riechen, selbst wenn es sich um richtigen Gestank handelt.

Insgesamt verbringt man ungefähr zwei Wochen seines Lebens damit, an roten Ampeln zu warten.

MAN ATMET IMMER DURCH EIN NASENLOCH MEHR ALS DURCH DAS ANDERE. DAS WECHSELT UNGEFÄHR ALLE VIER STUNDEN.

Die menschliche Zunge hat bis zu 10 000 Geschmacksknospen.

Wir können fünf verschiedene Geschmacksrichtungen wahrnehmen: süß, sauer, salzig, bitter und „umami" (das ist der Geschmack unter anderem von Fleisch).

Es stimmt nicht, dass die Geschmacksrichtungen immer nur an bestimmten Stellen der Zunge wahrgenommen werden können. Man kann alle fünf Geschmacksrichtungen auf der ganzen Zunge schmecken.

Die Zunge ist auch dafür da, die Zähne nach dem Essen zu säubern.

Männer haben längere Zungen als Frauen.

Manche Zungen funktionieren wie ein Lasso – man kann damit perfekt nach Futter angeln. Meister darin sind Chamäleons oder Frösche.

Wenn wir etwas oder jemanden sehr interessant finden, weiten sich unsere Pupillen.

Um hören zu können, nehmen unsere Ohren den Schall wahr und verwandeln ihn in elektrische Schwingungen. Sie werden dann über die Nervenbahnen zum Gehirn geleitet. Erst hier werden sie vom Gehirn so übersetzt, dass wir sie auch verstehen können.

Das menschliche Herz pumpt das Blut mit einem so hohen Druck durch die Adern, dass es fast zehn Meter hoch spritzen würde, wenn es sich außerhalb des Körpers befinden würde.

Ein erwachsener Mensch hat ungefähr zehnmal mehr Bakterien als Zellen in seinem Körper.

Ab 30 schrumpft man alle zehn Jahre um ungefähr einen Zentimeter.

Morgens ist man größer als abends. Das liegt daran, dass sich die Bandscheiben in der Wirbelsäule über Nacht wieder „auffüllen".

Die Bandscheiben sind kleine „Schwämmchen" zwischen den Wirbeln im Rücken. Sie puffern Stöße ab.

Wir weinen unterschiedlich — die Tränenflüssigkeit ist immer anders zusammengesetzt, je nachdem, warum wir weinen.

IN EINEM JAHR VERLIEREN WIR UNGEFÄHR EIN KILOGRAMM SCHUPPEN. DIE SCHUPPEN SIND ABGESTORBENE HAUTZELLEN, DIE VOM KÖRPER ERNEUERT WURDEN.

An einem Tag schluckt ein Mensch etwa einen Liter Speichel.

In einem durchschnittlichen Leben vertilgen wir an die 30 Tonnen Kartoffeln.

WIR TEILEN UNSEREN KÖRPER MIT UNGEFÄHR 30 BILLIONEN BAKTERIEN.

Dein Daumen hat die gleiche Länge wie deine Nase.

Unsere Nägel wachsen ein Leben lang. Das sind am Ende fast 30 Meter.

IN EINEM LEBEN WERDEN WIR UNGEFÄHR DREI JAHRE LANG MIT HUSTEN, SCHNUPFEN ODER HALSSCHMERZEN GEQUÄLT.

Mit dem Urin, den wir über ein Leben lang verteilt ausscheiden, könnte man über 300 Badewannen füllen.

Frauen haben fast 500 Gene mehr als Männer. Deshalb können manche Frauen auch mehr Farben als Männer erkennen.

WELTWEIT GIBT ES MEHR LINKSHÄNDER ALS LINKSHÄNDERINNEN.

Durch den ständigen Austausch von alten gegen neue Körperzellen hat man sich am Ende rundum erneuert. Nur wenige Zellen bleiben bis zum Tod erhalten und werden nicht ausgetauscht.

In unserer Haut befinden sich ungefähr vier Millionen Schweißdrüsen. Die meisten davon findet man an den Fußsohlen.

SCHWEIß IST GERUCHLOS. ER FÄNGT ERST DANN AN, UNANGENEHM ZU WERDEN, WENN ER SICH MIT BAKTERIEN VERMISCHT.

Bei einem Kuss tauscht man über 200 Bakterienstämme aus.

Der größte Knochen eines Menschen ist der Oberschenkelknochen.

WIR HABEN FAST GENAUSO VIELE HAARE WIE AFFEN. SIE SIND NUR HELLER UND DÜNNER.

Wenn man die Erbinformation (der Bauplan, der in jeder Zelle steckt, damit alles so wächst, wie es soll), die in den menschlichen Zellen steckt, ausbreiten würde, hätte man einen 16 Milliarden Kilometer langen Strang.

Die Geschmacksknospen auf der Zunge können eine Geschmacksrichtung schneller erkennen, als es dauert, die Augen einmal zu schließen und wieder zu öffnen.

WIR VERBRINGEN AN DIE FÜNF JAHRE UNSERES LEBENS NUR MIT ESSEN.

Schimpansen haben fast zu hundert Prozent die gleichen Erbinformationen in ihrem Körper wie wir. Nur etwa zwei Prozent machen den Unterschied.

Reis hat mehr Gene (Erbinformation) als der Mensch.

WENN MAN NIEST, PAUSIERT DAS HERZ.

Kinder lachen um die 400 Mal am Tag. Ein Erwachsener schafft es durchschnittlich 20 Mal.

Der Blinddarm galt lange Zeit als „unnütz". Dabei hat man herausgefunden, dass er viele Bakterien beherbergt, die im Falle einer Krankheit wichtig für das Immunsystem sein können.

WIR VERBRINGEN UNGEFÄHR DREI JAHRE UNSERES LEBENS AUF DER TOILETTE.

Wenn man sich die Nase zuhält, kann man nicht summen.

Menschen können weiter springen als Pferde. Das wurde 1991 bestätigt, als der Rekord eines Menschen 8,95 Meter betrug. Ein Pferd schaffte es ein Jahr zuvor auf gerade mal 6,10 Meter.

WÄHREND WIR SCHLAFEN, „SCHRUMPFT" UNSER HIRN. GENAUER GESAGT WERDEN DIE NERVENVERBINDUNGEN WENIGER. DAS IST ABER NORMAL UND HILFT DEM GEHIRN DABEI, SICH ZU ERHOLEN.

In unseren Tränen ist ein Stoff (ein Endorphin), der gegen die Trauer und den Schmerz wirkt. Deshalb fühlt man sich, nachdem man geweint hat, auch oft besser und erleichtert.

WIR HABEN GENUG EISEN IM KÖRPER, UM DAMIT EINE FAST ZEHN ZENTIMETER LANGE EISENNADEL HERZUSTELLEN.

„Pathologisches Lachen" ist eine Krankheit, die durch einen Schaden im Gehirn hervorgerufen wird. Betroffene müssen immer wieder lachen, auch wenn ihnen gar nicht danach zumute ist.

Je glücklicher ein Mensch ist, desto weniger Schlaf braucht er.

MENSCHEN, DIE MEHRERE ARTEN MUSIK HÖREN, SIND LAUT STUDIEN VERSTÄNDNISVOLLER UND OFFENER ALS ANDERE, DIE NUR EINE ART VON MUSIK MÖGEN.

Heute machen wir innerhalb von zwei Minuten mehr Fotos, als es die gesamte Menschheit im 19. Jahrhundert geschafft hat.

Wenn man im 18. Jahrhundert Narben von Windpocken hatte, war das ein großer Vorteil bei der Jobsuche. Die Arbeitgeber wussten dann, dass man wegen dieser Krankheit nicht fehlen würde, weil man sie schon ausgestanden hatte.

„BURRITO" (EINE GEFÜLLTE TEIGTASCHE) IST SPANISCH UND BEDEUTET „KLEINER ESEL". DENN EIN BURRITO KANN WIE EIN ESEL ALLES MÖGLICHE TRANSPORTIEREN.

Wissenschaftler haben herausgefunden, dass es genauso ungesund ist, keine Freunde zu haben, wie zu rauchen. Beides führt dazu, dass weniger Stoffe im Körper hergestellt werden, die dafür da sind, dass das Blut flüssig bleibt.

Man bekommt eine Gänsehaut, wenn man Angst hat. Das hat den behaarten Höhlenmenschen geholfen, größer und bedrohlicher auszusehen, wenn ein Feind vor ihnen stand.

DIE EINZIGEN ÄNGSTE, DIE JEDER MENSCH VON GEBURT AN HAT, SIND DIE ANGST VOR DEM HERUNTERFALLEN UND DIE ANGST VOR LAUTEN GERÄUSCHEN. ALLE ANDEREN ÄNGSTE, DIE WIR HABEN, LERNEN WIR ERST MIT DER ZEIT DAZU.

15 Prozent der Luft, die wir in U-Bahnen einatmen, bestehen aus menschlichen Hautschuppen. Wir verlieren ständig Hautschuppen und in den U-Bahn-Schächten wird nie wirklich gelüftet.

> Der berühmte Maler Claude Monet lebte ein luxuriöses Leben — ab dem Zeitpunkt, an dem er in der Lotterie gewonnen hatte. Da war er allerdings auch schon 50 Jahre alt.

DER PULS PASST SICH DER ART DER MUSIK AN – BEI SCHNELLER MUSIK WIRD ER SCHNELLER UND UMGEKEHRT.

Ungefähr zwei Kilogramm unseres Körpergewichtes bestehen aus Bakterien.

Unsere Hautzellen erneuern sich etwa alle 30 Tage.

ES GIBT EINE VERÄNDERUNG IN DEN GENEN (IN DER ERB-INFORMATION), DIE DAZU FÜHRT, DASS DIE KNOCHEN DER MENSCHEN MIT DIESER VERÄNDERUNG NICHT BRECHEN KÖNNEN. SIE SIND VIEL DICKER ALS „NORMALE" KNOCHEN.

Im 18. Jahrhundert trugen sogar schon kleine Kinder Schuhe mit Absätzen, bis man herausfand, dass es für die Füße, die noch im Wachstum waren, besonders schlecht war.

Eine kalte Dusche zu nehmen ist gesünder als eine warme. Das kalte Wasser regt den Kreislauf an und hilft, Gewicht zu verlieren.

Die wenigsten Menschen der Welt haben grüne Augen – es ist die seltenste Augenfarbe.

Popcorn ist gesünder, als man denkt: Es ist gut für das Knochenwachstum, die Zähne und das Muskelgewebe. Nur der Zucker, den man dazugibt, ist schädlich.

Die Zunge ist der einzige Muskel im Körper, der nur an einer Seite festgewachsen ist.

Damit sich unsere Augen bewegen können, brauchen sie insgesamt sechs Muskeln.

In unserem Blut befinden sich ungefähr 0,2 Milligramm Gold. Es gehört, wie viele andere Stoffe, zu den Bausteinen, die unser Körper braucht.

Das Gehirn verbraucht ungefähr 20 Prozent der Energie, die wir unserem Körper zuführen. Wenn wir uns anstrengen, also zum Beispiel beim Lernen, verbraucht es mehr.

Frauen brauchen mehr Schlaf als Männer. Das liegt daran, dass ihr Gehirn mehr leistet als das männliche.

Eines von ca. 2000 Babys kommt schon mit einem Zahn im Mund auf die Welt.

Unser Körper erneuert und repariert unsere Knochen ungefähr alle zehn Jahre.

Wenn bei einer Mandeloperation ein kleiner Teil zurückgelassen wurde, können die Mandeln wieder nachwachsen. Das macht man manchmal mit Absicht, manchmal passiert es aber auch durch Zufall.

Das menschliche Auge bewegt sich in einer Sekunde bis zu 50 Mal.

Ab 198 Dezibel (das ist eine Maßeinheit für die Lautstärke) kann Lärm für den Menschen tödlich sein.

Muttermilch kann ein Kind davor schützen, zu dick zu werden, bis es erwachsen ist.

> Fast ein Viertel des gesamten Blutes im Körper wird in den Nieren gebraucht.

KURZ BEVOR MAN EINSCHLÄFT, ZUCKEN MANCHMAL DIE MUSKELN SO STARK, DASS MAN MEINT, MAN FÄLLT IRGENDWO HERUNTER, UND WIEDER AUFWACHT. DAS PASSIERT, WEIL SICH IN DEM MOMENT DIE MUSKELN ENTSPANNEN.

Lesen, Musikhören und Spazierengehen verringert Stress.

Im Schlaf kann man nicht niesen, weil das Gehirn den Reflex zu dieser Zeit einfach ausschaltet.

DAS FETTESTE ORGAN EINES MENSCHEN IST DAS GEHIRN. ES BESTEHT AUS FAST 60 PROZENT FETT.

Wenn man sich in einer schlechten Beziehung zu anderen Menschen befindet, kann sich das auf die Gesundheit auswirken – man wird anfälliger für Krankheiten.

Unser Gehirn beschäftigt sich fast drei Viertel der Zeit mit Erinnerungen und Tagträumen.

Wenn man sich die Augen reibt, sieht man kurz danach bunte Blitze – die nennt man Phosphene.

Wenn wir keine Spucke im Mund hätten, könnten wir nichts schmecken. Der Speichel dient als Träger des Geschmacks.

Unser Gehirn lässt Dinge, die es als unwichtig erachtet, einfach wegfallen. Das spart Energie.

Jeder Mensch verbringt jeden Tag eine gewisse Zeit mit Tagträumen. Das passiert ganz von selbst und ist eine Art Erholung für das Gehirn.

Wissenschaftler haben herausgefunden, dass unser Gehirn erst ab ungefähr zehn Uhr morgens voll leistungsfähig ist.

Wenn Babys auf die Welt kommen, sehen sie einen Monat lang alles schwarz-weiß. Außerdem können sie erst einmal nur Umrisse erkennen und nicht scharf sehen. Das liegt daran, dass der Sehnerv noch nicht so funktioniert wie später einmal.

Wenn man ein Stück Gurke ungefähr eine halbe Minute lang im Mund behält, werden Bakterien abgetötet und Mundgeruch verschwindet.

Das Eigelb gehört zu den wenigen Lebensmitteln, die Vitamin D enthalten. Es ist nötig, damit unser Körper genug Kalzium in den Knochen einlagern kann – das macht sie stark und widerstandsfähig.

Wir lachen meistens gar nicht, weil etwas lustig ist. Das Lachen dient den Menschen dazu, sich näherzukommen, indem man zeigt, dass man freundlich ist.

Ein Zeckenbiss kann mehrere Krankheiten übertragen, das ist bekannt. Was aber nur wenige wissen: Man kann davon eine Allergie auf rotes Fleisch (zum Beispiel Rind oder Lamm) bekommen. Die Allergie tritt

PLÖTZLICH AUF – DIE NASE LÄUFT, MAN HAT KOPFSCHMERZEN ODER SOGAR ATEMNOT. IN DEN MEISTEN FÄLLEN VERGEHT DIE ALLERGIE NACH EINIGER ZEIT – MANCHMAL BLEIBT SIE ABER AUCH.

Wenn man sich an etwas erinnert, erinnert man sich nur an die letzte Erinnerung – nicht an das Ereignis selbst. Deshalb ist es auch manchmal so, dass sich die Erinnerungen mit der Zeit etwas verändern.

Unsere Augenbrauen sind nicht nur dazu da, Schmutz von den Augen fernzuhalten. Sie zeigen auch an, wie es uns geht. Man kann damit Interesse, Erstaunen, Trauer oder Zorn ausdrücken.

DEIN UNTERARM IST GENAUSO LANG WIE DEIN FUSS. DAS IST BEI JEDEM MENSCHEN SO.

Reiner Kakao schützt den Zahnschmelz. Er enthält Chemikalien, die Bakterien im Mund zerstören können. Allerdings schmeckt reiner Kakao sehr bitter und herb – nicht nach Schokolade.

Man kann sich einreden, dass man gut geschlafen hat, selbst wenn die Nacht eher kurz war. Aber wenn man denkt, dass man genug geschlafen hat, „glaubt" einem das Gehirn.

Wenn wir schlafen, durchlaufen wir verschiedene Schlafphasen: Einschlafphase, Tiefschlafphase, Aufwachphase … In dieser Zeit kann sich unser Gehirn erholen. Dasselbe passiert aber auch tagsüber, ohne dass wir es merken. Das Gehirn macht auch Erholungspausen, nur so, dass wir es nicht mitbekommen. Das heißt, dass manche Teile des Gehirns auch am Tag „schlafen".

Bei jedem Schritt benutzt du 200 verschiedene Muskeln, damit du vorwärtskommst und dabei das Gleichgewicht halten kannst.

NATUR

Manche Obstbäume können rechnen. Sie können die Tage zählen, an denen es warm ist. Auf diese Weise „wissen" sie, wann es Zeit ist auszutreiben, ohne dass sie Gefahr laufen, zu früh dran zu sein. Auf diese Weise schützen sie ihre Knospen vor dem Erfrieren.

Im alten Rom galten Zitronen als Allheilmittel gegen sämtliche Vergiftungen.

Mehr als die Hälfte des Knoblauchs, der weltweit verbraucht wird, kommt aus China. Hier werden jedes Jahr ungefähr zehn Millionen Tonnen hergestellt und in die ganze Welt verschickt.

Wenn ein Blitz einschlägt, kann es bis zu 30 000 Grad Celsius heiß werden. Das ist fast sechsmal so heiß wie die Oberfläche der Sonne.

Vor über 50 Millionen Jahren gab es am Nordpol Palmen. Damals war das Klima dort noch ganz anders.

Im ersten Schokoladenrezept der Welt wurde kein Zucker, sondern Chilipulver verwendet, um das Naschwerk schmackhaft zu machen. Deshalb hatte die Schokolade von damals auch einen völlig anderen Geschmack.

> Eine Wüste bezieht innerhalb von nur sechs Stunden so viel Energie aus dem Sonnenlicht, wie alle Menschen in einem Jahr verbrauchen würden.

Sonnenblumen können verseuchtem Boden helfen, wieder sauber zu werden. Deshalb wurden sie im japanischen Fukushima gepflanzt, nachdem es dort einen Unfall in einem Atomkraftwerk gab.

ES KOMMT IMMER WIEDER VOR, DASS ES EINEN „BLUTREGEN" IN BESTIMMTEN REGIONEN GEBEN KANN. DER ROTE REGEN ENTSTEHT, WENN SICH ROTER SAHARASTAUB IN DIE REGENWOLKEN MISCHT. WENN ES DANN REGNET, SIEHT ES SO AUS, ALS WÜRDE ES BLUT REGNEN.

Tornados (Wirbelstürme) drehen sich andersherum, wenn sie auf der anderen Seite des Äquators aufkommen.

Pflanzen wachsen seit über 400 Millionen Jahren auf der Erde.

DAS KLEEBLATT MIT DEN MEISTEN BLÄTTERN, DAS JEMALS GEFUNDEN WURDE, HATTE 56 DAVON.

Die meisten Bananen weltweit werden in Indien produziert.

ES GIBT UNGEFÄHR 2000 VERSCHIEDENE ARTEN VON PFLANZEN, DIE WIR ALS LEBENSMITTEL BENUTZEN.

WENN MAN ZWIEBELN SCHÄLT, LAUFEN MEISTENS AUCH SEHR BALD DIE TRÄNEN. DAS IST VOM KÖRPER SO GEWOLLT, DENN AUF DIESE WEISE SPÜLT ER DIE BEIßENDEN DÄMPFE AUS DEN

AUGEN. WENN DAS NICHT DER FALL WÄRE, WÜRDEN WIR ROTE UND ENTZÜNDETE AUGEN BEKOMMEN.

1996 wurde in Australien der schnellste Wind, der jemals gemessen wurde, aufgezeichnet. Er war über 400 Stundenkilometer schnell und fand während eines Zyklons (das ist ein tropischer Wirbelsturm) statt.

In den 80er-Jahren des vergangenen Jahrhunderts fand man in Bangladesch das schwerste Hagelkorn der Welt. Es wog ein Kilogramm.

EINE LAWINE KANN EINE GESCHWINDIGKEIT VON ÜBER 300 STUNDENKILOMETERN ERREICHEN.

Das Sonnenlicht kann im Meer bis zu 80 Meter tief eintauchen.

In Japan kann man Melonen kaufen, die wie eine Pyramide oder ein Herz geformt sind.

PREISELBEEREN SIND REIF, WENN SIE HÜPFEN. WENN MAN SIE AUF DEN BODEN WIRFT UND SIE HÜPFEN, KANN MAN SIE ESSEN.

Das Geräusch eines Donners entsteht, wenn ein Blitz auf die Erde fährt. Dabei wird die Luft um den Blitz herum so heiß, dass sie sich schlagartig ausdehnt. Dabei wird die Schallmauer durchbrochen und es gibt einen lauten Knall, den Donner.

Auf offener See können Tsunamiwellen genauso schnell wie ein Flugzeug werden.

Man kann Schuhe oder Taschen, die aus Leder gemacht sind, mit einer Banane putzen. Wenn man mit der Innenseite der Bananenschale über das Leder reibt und danach mit einem Tuch poliert, sieht das Leder wieder aus wie neu.

97 Prozent des ganzen Wassers, das unsere Erde bedeckt, ist salzig. Der Großteil besteht aus den Ozeanen.

Es gibt rund 20 000 Apfelsorten auf der ganzen Welt. Es würde ungefähr 54 Jahre dauern, bis man alle durchprobiert hätte, wenn man jeden Tag einen Apfel essen würde.

EIN „NORMALER" REGENTROPFEN, MIT EINER GRÖßE VON UNGEFÄHR EIN BIS ZWEI MILLIMETERN, ERREICHT EINE GESCHWINDIGKEIT VON UNGEFÄHR 20 STUNDENKILOMETERN, WENN ER ZU BODEN FÄLLT.

Der Mount Everest wächst jedes Jahr um ungefähr vier Millimeter. Das liegt daran, dass sich die riesigen Erdplatten, auf denen sich das Gebiet befindet, auf dem der Berg steht, immer weiter untereinanderschieben. Dadurch wird die Platte mit dem Mount Everest immer höher gehoben.

In tropischen Regenwäldern gibt es einen „Zombie-Pilz". Er befällt Ameisen und ernährt sich von ihren Innereien. Zusätzlich übernimmt er die Kontrolle über die Tiere, sodass sie sich zum Sterben genau dorthin zurückziehen, wo die Sporen von dem Pilz, der in ihrem Körper gewachsen ist, den perfekten Boden zum Wachsen haben.

DIE ERSTEN ORANGEN DER WELT KAMEN AUS ASIEN UND WAREN GRÜN.

Erdnüsse sind keine Nüsse. Sie gehören zu den Hülsenfrüchten wie Bohnen und Erbsen.

Drei Prozent der Gletscher in der Antarktis bestehen aus Pinguin-Pipi. Das liegt an den Temperaturen – dort ist es so kalt, dass der Urin direkt gefriert und dadurch zu einem Teil der Eisberge wird.

> VOR UNGEFÄHR 400 MILLIONEN JAHREN WUCHSEN AUF DER ERDE RIESENPILZE. SIE ERREICHTEN EINE HÖHE VON UNGEFÄHR ACHT METERN.

In der Pflanzenkunde gehören Bananen zu den Beeren.

Bis heute sind nur ungefähr fünf Prozent der Meere erforscht.

IM JAHR 2017 VERKAUFTE DIE FIRMA ADIDAS ÜBER EINE MILLION PAAR SCHUHE, DIE KOMPLETT AUS DEM PLASTIK GEMACHT WORDEN WAREN, DAS MAN IN DEN MEEREN GEFUNDEN HAT.

Wenn man Weidetieren Curry unters Futter mischt, ist in ihren Pupsen 40 Prozent weniger Methan enthalten. Methan ist ein Gas, das der Umwelt schaden kann.

Ein Kürbis ist eine Mischung aus Gemüse und Obst – deshalb gehört er zum Fruchtgemüse.

Pflanzen können wie wir Menschen Fieber bekommen, wenn sie mit Viren infiziert werden. Wissenschaftler konnten messen, dass sich in dem Fall die Temperatur der Pflanzen erhöht.

Nicht alle Meere enthalten gleich viel Salz. Das Tote Meer ist das salzigste und gleich danach kommt das Mittelmeer.

> Wenn Wasser zu Eis gefriert, dehnt es sich aus. Das heißt, es wird ein ganzes Stück umfangreicher als zuvor.

Es gibt auch weiße und gelbe Erdbeeren. Manche schmecken sogar nach Ananas.

Im Honig sind bestimmte Inhaltsstoffe, die über Jahrhunderte erhalten bleiben und nicht verderben.

Es gibt eine Algenart namens Dinoflagellaten, die bei Menschen (wenn man sie isst) Wahnvorstellungen auslöst und den Körper dazu bringt, dass man heiß und kalt verwechselt. Die Wirkung kann Wochen und sogar Monate anhalten.

IN BÜCHERN KÖNNEN BÜCHERSKORPIONE LEBEN. SIE JAGEN DORT BÜCHERMILBEN, DIE WIEDERUM VOM PAPIER DER SEITEN LEBEN.

Das größte Lebewesen auf der Erde ist ein Mammutbaum namens General Sherman. Er steht in einem Nationalpark in Kalifornien und ist geschätzt 2500 Jahre alt und 84 Meter hoch.

Es gibt eine Bananenart, die Blue Java, deren Schale blau ist und deren Frucht nach Vanille schmeckt.

ES GIBT EINE PFLANZE, AN DER GLEICHZEITIG TOMATEN UND KARTOFFELN WACHSEN. SIE WURDE 2013 GEZÜCHTET UND HEIßT TOMTATO – VON „TOMATO" (ENGLISCH: TOMATE) UND „POTATO" (ENGLISCH: KARTOFFEL). DIE TOMATEN WACHSEN ÜBER DER ERDE, DIE KARTOFFELN BEI DEN WURZELN.

Die Kerne mancher Obstsorten, wie zum Beispiel die von Äpfeln, enthalten Blausäure. In zu großen Mengen kann diese tödlich sein. Aber keine Angst – so viele Äpfel kann man gar nicht essen, als dass sie giftig werden.

Avocados können erst reif werden, wenn sie nicht mehr am Baum hängen. Deshalb lassen die Bauern sie auch oft einfach dort hängen, wenn sie gerade keinen Platz oder Käufer für ihre Ernte haben.

In Kalifornien steht der älteste Baum der Welt – eine langlebige Kiefer. Sie ist über 5000 Jahre alt.

Jeden Tag werden an die 30 000 Bäume gefällt, damit wir alle genug Toilettenpapier haben.

Es gibt mehr als 70 verschiedene Pilzarten, die in der Nacht leuchten. Das geschieht durch einen chemischen Prozess und dient dazu, Insekten anzulocken. Auf diese Weise können sich die Pilze vermehren. Die Insekten tragen, wie die Bienen tagsüber, die Sporen der Pilze weiter.

TIEFSCHNEE KANN BLAU WIRKEN. DAS LIEGT AN DEN VIELEN SCHICHTEN, DIE SICH ÜBEREINANDERGELEGT HABEN. DADURCH WIRD DAS LICHT GEFILTERT UND DER SCHNEE WIRKT BLAU.

Muskatnuss ist ein beliebtes Gewürz – aber man muss mit der Menge aufpassen. Denn schon zwei bis drei Teelöffel davon können Schmerzen, Krämpfe und Ängste hervorrufen, die über Tage hinweg anhalten können.

Pilze sind, was ihre Erbinformation betrifft, näher mit Tieren als mit Pflanzen verwandt.

ES GIBT 360 VERSCHIEDENE ARTEN VON FLEISCHFRESSENDEN PFLANZEN. MANCHE WACHSEN IN DER ERDE, MANCHE VON IHNEN LEBEN ABER AUCH IM WASSER.

> Es gibt Bambusarten, die an einem Tag über einen Meter wachsen können.

Das erste Aspirin war pflanzlich. Man gewann es aus der Rinde des Weidenbaums. Denn in ihr sind ähnliche Wirkstoffe, die gegen Schmerzen und Fieber wirken.

DAMIT EINE PERSON EIN JAHR LANG GENUG SAUERSTOFF ZUM ATMEN HAT, SIND BIS ZU ACHT BÄUME NÖTIG, DIE IHN HERSTELLEN.

Das älteste bekannte Gemüse der Welt ist die Erbse.

TIERE

Ein Kojote kann eine Maus unter einer dicken Schneedecke hören.

Manche Frösche wandern bis zu 15 Kilometer zu dem nächsten Teich.

Ein Kugelfisch hat genug Gift, um 30 Menschen zu töten. Trotzdem gilt er zum Beispiel in Japan als teure Delikatesse. Aber es gibt nur wenige Köche, die ihn so zubereiten können, dass man das Essen auch überlebt.

Die größte Zunge von allen hat der Blauwal – sie kann bis zu drei Tonnen wiegen.

Der Pottwal kann Geräusche von sich geben, die lauter sind als ein Düsenjet beim Start.

Amerikanische Wissenschaftler haben den einzigen Warmblutfisch der Welt entdeckt. Zuvor dachte man, dass alle Fische Kaltblüter sind. Doch durch die Adern des Gotteslachses fließt tatsächlich warmes Blut.

Ein Kaiserpinguin kann es ganze 20 Minuten unter Wasser aushalten, bevor er wieder Luft holen muss.

Der Monarchfalter ist ein Schmetterling, der jedes Jahr zwischen 3000 und 5000 Kilometer zurücklegt. Er lebt im Sommer im Norden Kanadas. Sobald der Winter kommt, beginnt er mit seiner Wanderung und schafft es dabei bis ins weit entfernte Mexiko.

Krokodile können ihre Zunge nicht bewegen, sie ist angewachsen. Deshalb werfen sie ihre Beute mit Kopfbewegungen nach hinten, sodass sie in den Hals rutscht.

Der größte Schmetterling der Welt ist die Brasilianische Rieseneule. Er kann eine Spannweite von bis zu 30 Zentimetern erreichen.

Die Riesenmuschel kann bis zu 1,20 Meter lang werden.

DIE KÖNIGSKOBRA IST DIE LÄNGSTE GIFTSCHLANGE DER WELT – SIE KANN BIS ZU 5,70 METER LANG WERDEN.

Das längste Tier der Welt ist der Schnurwurm. Er kann bis zu 55 Meter lang werden.

In Amerika wurden Tauben dazu ausgebildet, verschollene Menschen im Meer ausfindig zu machen.

KÜSTENSEESCHWALBEN FLIEGEN JEDES JAHR VOM NORDPOL ZUM SÜDPOL – DAS SIND BIS ZU 30 000 KILOMETER. IM WINTER BRÜTEN SIE IN DER NORDPOLARREGION UND IM SOMMER ÜBERWINTERN SIE IN DER SÜDPOLARREGION.

Der Wanderfalke ist der Rekordmeister im Sturzflug. Er erreicht bis zu 322 Stundenkilometer, wenn er sich zu Boden fallen lässt, um seine Beute zu erlegen.

Bei einigen Vogelarten wiegen die Federn mehr als ihre Knochen, zum Beispiel die einer Taube.

DER LANGSAMSTE VOGEL DER WELT, AUF LANGEN STRECKEN GESEHEN, IST DIE KANADASCHNEPFE. SIE BRINGT ES GERADE MAL AUF ACHT STUNDENKILOMETER.

> Stachelschweine gehen im Wasser nicht unter. Wahrscheinlich liegt das an dem Stachelkleid, das sie wie eine Schwimmweste über Wasser hält.

Eulen können ihre Augen nicht bewegen — um nach beiden Seiten sehen zu können, müssen sie den ganzen Kopf drehen. Deshalb können sie ihn auch so weit wenden — sie schaffen drei Viertel eines Kreises, das sind 270 Grad.

SEEHUNDE KÖNNEN IHREN ATEM FAST EINE HALBE STUNDE LANG ANHALTEN, WENN SIE UNTER WASSER SIND.

Einige Tierarten wandern, um in bessere Gegenden zu gelangen, damit sie dort ihre Nachkommen zur Welt bringen können. Andere wandern einmal im Jahr eine Strecke hin und zurück, um an besseres Futter zu gelangen. Die Rekordhalter bei den Blutegeln werden von Knoblauchgeruch angezogen.

Hundehalsbänder mit Stacheln sind heute vielleicht eine Modeerscheinung — früher dienten die Stacheln zum Schutz der Hunde vor Wölfen. Schon bei den alten Griechen hatte man die Idee, Haus- und Hütetiere auf diese Weise vor Angriffen zu schützen.

UM SICH VOR WILDERERN ZU SCHÜTZEN, DIE ELEFANTEN WEGEN DES ELFENBEINS IHRER STOßZÄHNE JAGEN UND UMBRINGEN, HABEN SICH BEI MANCHEN AFRIKANISCHEN ARTEN DIE STOßZÄHNE IM LAUF DER ZEIT GANZ ZURÜCKGEBILDET.

Der Afrikanische Ochsenfrosch greift ab und zu sogar Löwen an, um sich zu verteidigen.

Riesentintenfische haben Augen, die so groß wie ein Bundesligafußball sind. Das sind mit ungefähr 30 Zentimetern Durchmesser die größten Augen der Welt. Wahrscheinlich dienen die riesigen Augen den Tieren dazu, so schnell wie möglich zu fliehen, wenn Gefahr lauert.

WENN PANDABÄREN AUF DIE WELT KOMMEN, SIND SIE KLEINER ALS EINE MAUS. DANACH WACHSEN SIE UNGEWÖHNLICH SCHNELL UND WERDEN ZU DEN AUSGEWACHSENEN BÄREN, DIE WIR KENNEN.

Der älteste Goldfisch der Welt lebte in England und wurde 43 Jahre alt. Sein Name war Tish.

Eidechsen reden miteinander, indem sie bestimmte Bewegungen machen, die aussehen, als würden sie Liegestütze machen.

AUSTERN KÖNNEN MÄNNLICH UND WEIBLICH SEIN. SIE KÖNNEN DAS GESCHLECHT EINFACH TAUSCHEN.

Katzenurin leuchtet, wenn man ihn unter Schwarzlicht hält.

Honigbienen können, ähnlich wie Hunde, darauf trainiert werden, Dinge wie zum Beispiel Drogen aufzuspüren. Sie sind sogar so schlau, dass es Forschern schon gelungen ist, ihnen einfache Rechenaufgaben beizubringen. Wie sie das machen, haben die Wissenschaftler allerdings noch nicht herausgefunden.

SCHNECKEN ATMEN DURCH EIN ATEMLOCH.

Alligatoren bellen, kurz bevor sie aus ihren Eiern schlüpfen.

Ameisen haben einen besseren Geruchssinn als Hunde.

> ELEFANTEN SIND DIE EINZIGEN SÄUGETIERE, DIE NICHT SPRINGEN KÖNNEN.

Wenn Kängurus aufgeregt sind, lecken sie ihre Arme – das beruhigt sie.

Schweine können einen Sonnenbrand bekommen. Ihre Haut ist unserer sehr ähnlich und dazu sehr hell. Wenn sie zu lange im Sonnenlicht sind, verbrennt ihre Haut.

ES GIBT FISCHE, DIE IHRE EIER IM MAUL BEHALTEN, BIS DIE JUNGFISCHE AUSSCHLÜPFEN. MAN NENNT SIE MAULBRÜTER.

Hunde können rund hundert verschiedene Ausdrücke mit ihrem Gesicht machen.

Manche Schnecken fressen sich gegenseitig auf.

MÜCKEN WERDEN GANZ BESONDERS ANGEZOGEN, WENN MAN VIELE BANANEN GEGESSEN HAT. WAHRSCHEINLICH IST ES DER SÜßLICHE GERUCH, DER DANN VON DER HAUT AUSGEHT UND UNS SO UNWIDERSTEHLICH FÜR DIE KLEINEN BLUTSAUGER MACHT.

Der Basenji (eine Hunderasse) bellt nicht, sondern jodelt. Außerdem putzt er sich wie eine Katze.

> Löwinnen sind bei der Jagd erfolgreicher als Löwen. Deshalb sind es auch meistens die Löwinnen, die das Futter für das Rudel besorgen.

MANCHE PAPAGEIEN FANGEN ZU TANZEN AN, WENN SIE MUSIK HÖREN.

Wenn ein Insekt die winzigen Härchen einer Venusfliegenfalle (eine fleischfressende Pflanze) berührt, schließen sich automatisch die Blütenblätter und die Pflanze fängt an, ihre Beute zu verdauen.

Fliegende Fische können einige Hundert Meter weit fliegen. Dafür haben sie Flossen, die sie wie Flügel ausfahren können.

FLIEGEN SETZEN SICH IMMER WIEDER AUF UNSERE HAUT, WEIL WIR FÜR SIE SO UNWIDERSTEHLICH NACH FUTTER RIECHEN.

Wenn irgendein Lebewesen einen Atomkrieg überleben würde, dann wäre das die Kakerlake. Sie ist außergewöhnlich unempfindlich gegen jede Art von Strahlung.

Ein Kamel hat sechs Augenlider. Drei auf jeder Seite. Ein Lid ist oben, eines unten und das dritte schützt das Auge vor Sandstürmen. Deshalb ist es auch durchsichtig.

DER SCHWERTWAL GEHÖRT ZUR FAMILIE DER DELFINE.

John Quincy Adams war ein amerikanischer Präsident, der von einem französischen General ein Krokodil geschenkt bekam. Er hielt es in der Badewanne als Haustier.

Der kleinste Hund der Welt ist der Chihuahua. Die kleinste jemals gemessene war von der Pfote bis zur Schulter gerade mal neun Zentimeter groß.

GEPARDEN KÖNNEN, WÄHREND SIE EINE BEUTE JAGEN, WENN ES NÖTIG IST, IN DER LUFT DIE RICHTUNG WECHSELN.

Das Einhorn als Fabelwesen wurde das erste Mal 2700 vor Christus in Asien erwähnt. Schon damals wurde es als Kreatur mit großer Weisheit und Kraft beschrieben.

Stubenfliegen zählen zu den besten Fliegern unter den Insekten. Dafür haben sie auch eine Besonderheit in ihrem Körper: die sogenannten Schwingkölbchen. Das waren früher einmal die hinteren Flügel. Sie haben sich zu einem Organ umgebildet, das den Insekten immer sofort mitteilt, wo sie sich in einem Raum befinden. Auf diese Weise können sie blitzschnell reagieren und die Richtung ändern.

ZWERGSEIDENÄFFCHEN SIND DIE KLEINSTEN AFFEN DER WELT – SIE WERDEN GERADE MAL 12 BIS 15 ZENTIMETER GROSS.

Es gibt eine Stinktierart, die einen Handstand macht, um ihren Gestank besser verteilen zu können.

Die Ohren von Afrikanischen Elefanten haben die gleiche Form wie Afrika auf der Landkarte.

DER ANFÜHRER DES WOLFSRUDELS FRISST IMMER ZUERST.

Truthahngeier wehren Feinde ab, indem sie auf diese erbrechen. Dabei können sie das Erbrochene bis zu drei Meter weit spucken.

Am 5. Juli 1996 kam das Schaf Dolly auf die Welt. Es war der erste lebende Klon überhaupt. Es wurde aus einer einzigen Zelle künstlich nachgebaut.

IM ZWEITEN WELTKRIEG HAT DIE ERSTE BOMBE, DIE AUF BERLIN GEWORFEN WURDE, DEN EINZIGEN ELEFANTEN IM ZOO GETÖTET.

Hummeln haben Haare auf den Augen. Mit den Härchen können sie den Winkel zur Sonne bestimmen und damit ihren Weg besser finden.

Im Nil gibt es einen Fisch, der an Land laufen kann. Der Katzenfisch hat ein paar körperliche Besonderheiten, die ihn zu etwas befähigen, was sonst (außer einer Hechtart) kein Fisch kann — laufen. Er hat eine kleine Lunge, denn wenn er nur Kiemen hätte, würde er an Land ersticken. Außerdem sind seine Brustflossen so geformt, dass sie auch als Beine benutzt werden können. Auf diese Weise kann er das nächste Gewässer auch über den Landweg erreichen. Und wenn es doch einmal hart auf hart kommt und der Weg zu weit wird, hat er einen ganz besonderen Trick parat: Er kann sich in einer Schleimkugel im Schlamm vergraben.

Ein Floh kann hundertmal so hoch springen, wie er groß ist. Wenn man das auf uns bezieht, wäre das so, als würden wir aus dem Stand auf ein Hochhaus springen.

Flusspferde sind gefährlicher als Löwen.

Gorillas können bis zu 50 Jahre alt werden.

Auf einer Insel in Borneo gibt es eine Ameisenart, die sich bei Gefahr selbst explodieren lässt. Sie opfert

SICH IN DEM FALL FÜR DEN REST DER SIPPSCHAFT. BEI DER
EXPLOSION WIRD EINE GIFTIGE FLÜSSIGKEIT AUSGESTOSSEN, UM
DEN FEIND IN DIE FLUCHT ZU SCHLAGEN.

> Ein Kamel fängt erst dann zu schwitzen an, wenn
> seine Körpertemperatur höher als 41 Grad wird.

Motten und Schmetterlinge sind wohl die
haarigsten Gesellen der Welt — sie haben
ungefähr zehn Milliarden Haare am Leib.
Wir bringen es dagegen gerade mal auf rund
fünf Millionen, etwa 100 000 auf dem Kopf.

MIKE DER HAHN LEBTE NOCH 18 MONATE (VON 1945 BIS
1947) OHNE KOPF. SEIN BESITZER WOLLTE IHN EIGENTLICH
SCHLACHTEN, ABER ER TRENNTE IHM AUS VERSEHEN DEN
KOPF NICHT GANZ AB. AUF DIESE WEISE KONNTE DER HAHN
WEITERLEBEN UND WURDE ZUR BERÜHMTHEIT.

Alle Termiten der Welt wiegen mehr als alle Menschen
zusammen.

Ameisen machen eine Art Winterschlaf.
Zumindest dort, wo es im Winter kalt wird.

Dann fahren sie alles, was sie tun, auf das Nötigste herunter. Im Frühling, wenn es wärmer wird, werden auch die kleinen Krabbler wieder flinker und beginnen mit der Arbeit.

Es ist bis heute noch nicht ganz geklärt, warum Motten immer ins Licht fliegen. Die Forscher gehen davon aus, dass sie sich am Mondlicht orientieren. Dadurch, dass wir Menschen aber immer mehr Lichter in die Welt setzen, werden die Insekten abgelenkt und fliegen in die Richtung, aus der die Helligkeit kommt.

In Texas ist es erlaubt, den Bigfoot, falls man ihm begegnen sollte, zu töten. Der Bigfoot ist laut den Sagen eine riesige Mischung aus Mensch und Tier, die extrem große Füße hat. Immer wieder gibt es Meldungen in den USA, dass jemand das Fabelwesen gesehen haben will. Einen Beweis dafür gibt es aber nicht.

Wenn ein Grashüpfer so groß wie wir wäre, könnte er fast 30 Meter weit hüpfen.

Jede Giraffe hat ein einzigartiges Muster. Es ist wie ein Fingerabdruck – keines gleicht einem anderen.

Eine Raupe hat mehr Muskeln als ein Mensch.

Grillen hören mit ihren Beinen, denn dort sitzen ihre Hörorgane. Bei anderen Insekten sind die „Ohren" auch manchmal am Bauch oder im Hinterleib.

Fliegen fliegen immer so lange in eine Richtung, bis sie irgendwo anstoßen. Deshalb sieht es für uns so merkwürdig aus, wenn sie immer wieder an die Scheibe knallen, umdrehen und dasselbe wieder tun.

Das Herz einer Giraffe muss zweimal so viel schlagen wie zum Beispiel das einer Kuh, damit das Blut durch den langen Hals bis in den Kopf strömt.

Durch die Anordnung ihrer Augen können Libellen gleichzeitig in alle Richtungen schauen. Auf diese Weise bekommen sie sofort mit, ob sich ein Feind nähert.

Kakerlaken können bis zu 30 Minuten unter Wasser überleben.

Motten können sich gegenseitig über mehrere Kilometer entfernt riechen.

> Das Herz eines Kolibris schlägt bis zu 500 Mal in einer Minute. Das eines Menschen schlägt im Vergleich dazu nur 60 Mal in derselben Zeit.

INZWISCHEN LEBEN NUR NOCH UNGEFÄHR 7500 GEPARDEN IN DER WILDNIS VON AFRIKA. VIELE FALLEN WILDERERN ZUM OPFER, DIE SIE VOR ALLEM IN DIE GOLFSTAATEN, WIE SAUDI-ARABIEN, VERKAUFEN. DORT WERDEN SIE ALS „HAUSTIERE" GEHALTEN.

Hunde und Katzen können allergisch auf Menschen reagieren. Es kann bis zu einem Jahr dauern, bis die Allergie verschwunden ist, wenn sie behandelt wird.

Es ist nicht ganz gesichert, aber man glaubt, dass Delfine bis zu 40 Jahre alt werden können.

DER GRÖSSTE HUND DER WELT IST 2,30 METER GROSS, WENN ER SICH AUF SEINE HINTERBEINE STELLT. ER IST EINE DEUTSCHE DOGGE NAMENS FREDDY UND LEBT IN ENGLAND.

Manche Käfer bluten aus den Knien, wenn ein Feind naht. Das nennt man „Reflexbluten" und es dient dazu, andere abzuschrecken. Dabei handelt es sich aber nicht um echtes Blut, sondern um eine rötlich braune Flüssigkeit, die entweder schrecklich riecht oder schmeckt. In manchen Fällen ist sie für andere Insekten sogar giftig.

Die Lieblingsspeise von Ratten ist Schokolade.

AUF ENGLISCH NENNT MAN MÄNNLICHE KATZEN „TOM" UND WEIBLICHE „QUEEN" (KÖNIGIN).

Hunde können bei uns Menschen sogar Krankheiten erschnüffeln.

Ein einziges Bienenvolk kann an einem Tag zwei bis drei Millionen Blüten bestäuben.

BLUTHUNDE SIND DIE BESTEN FÄHRTENLESER. SIE KÖNNEN EINE SPUR VERFOLGEN, DIE SCHON VIER TAGE ALT IST.

Während ihrer Verwandlung zum Schmetterling (Metamorphose) verflüssigen sich Raupen fast vollständig. Nur die lebenswichtigen Organe bleiben erhalten.

Eine Wasserschildkröte kann fast genauso schwer werden wie ein junger Wasserbüffel. Das sind über 200 Kilogramm.

Ein Mungo ist ein kleines Raubtier, das in Asien lebt. Es gehört zu den sehr seltenen Tierrassen, die Schlangengift „vertragen" – also nicht daran sterben.

In Frankreich darf man ein Schwein nicht Napoleon nennen. Der ehemalige General und Kaiser ist für die meisten Franzosen ein Held.

Der Dinosaurier Tyrannosaurus Rex war doch nicht so schnell wie gedacht. In den meisten Filmen ist der Raubsaurier extrem schnell und kann somit beinahe alles fangen. Inzwischen hat man aber herausgefunden, dass er nicht schneller als ein Mensch war. Denn sonst wären seine Knochen unter der extremen Last seines Körpers gebrochen.

Ein Tiger frisst an einem Tag bis zu acht Kilogramm Fleisch. Er kann aber auch beinahe eine ganze Woche ohne Futter auskommen.

Der abgetrennte Kopf einer Schlange kann immer noch beißen. Es ist schon öfter passiert, dass Menschen, die einer Schlange den Kopf abgetrennt hatten, danach noch von ihr gebissen wurden. Das Nervensystem der Tiere macht das sozusagen von selbst – ohne dass die Schlange noch lebt. Nach einiger Zeit sterben aber auch diese Nervenzellen ab und die Schlange ist ganz tot.

In Zentralamerika gibt es eine Spinne, die sich vegetarisch ernährt. Sie heißt Bagheera kiplingi und frisst ausschließlich Pflanzen. Alle anderen Spinnenarten sind Räuber.

Kraken schwimmen nicht von Ort zu Ort – sie laufen. Dabei klemmen sie sich sechs ihrer acht Arme unter den Körper und laufen auf den anderen beiden. Das hat den Vorteil, dass sie so weniger auffallen und von Feinden übersehen werden, denn sie können einfach an einer Stelle verharren und sehen dann aus wie eine Wasserpflanze.

Bienenköniginnen können tuten und quaken. Wenn die erste Königin geschlüpft ist, beginnt sie zu tuten. Sind mehrere Königinnen in den Waben, antworten sie mit einem Quaken. Auf diese Weise weiß die erste Königin, wo sich ihre Konkurrentinnen befinden, und tötet sie. Denn es gibt immer nur eine Königin in einem Schwarm. Die Geräusche erzeugen die Insekten mit ihren Flügeln.

Eine Fledermaus kann in einer Nacht an die 3000 Insekten fressen.

Fohlen können gleich ein paar Stunden nach ihrer Geburt ganz allein laufen und springen. Das ist wichtig, damit sie in der freien Wildbahn fliehen können, wenn Gefahr droht.

Pinguine können ihren Kot bis zu 40 Meter weit schleudern.

2010 ist im Kongo ein Flugzeug abgestürzt, weil einer der Passagiere ein Krokodil in einer Sporttasche mit an Bord geschmuggelt hatte. Das Tier konnte sich befreien und alle wurden panisch. Die Stewardess rannte zum Cockpit und alle Passagiere hinter ihr her. Durch das Gewicht, das sich dann plötzlich nur vorn im Flugzeug befand, verloren die Piloten die Kontrolle und der Flieger stürzte ab. Es gab nur einen Überlebenden.

DIE NASE DES DINOSAURIERS TYRANNOSAURUS REX WAR GRÖSSER ALS SEIN GEHIRN.

Die nächsten Verwandten von Flusspferden sind Wale.

In Berlin dürfen die Insassen von einem Gefängnis Katzen als Haustiere halten. Man hat herausgefunden, dass die Tiere eine angenehme und beruhigende Wirkung haben.

DIE ANTARKTIS IST DER EINZIGE KONTINENT DER WELT, AUF DEM ES KEINE SCHILDKRÖTEN GIBT. DORT IST ES FÜR DIE TIERE EINFACH ZU KALT.

Es ist nicht wahr, dass man das Alter eines Marienkäfers in Jahren an seinen Punkten abzählen kann. Sie können nur ein bis zwei Jahre alt werden.

Man kann junge Vögel, wenn sie aus dem Nest gefallen sind, durchaus anfassen. Die Eltern lehnen ihre Kinder deswegen nicht ab. Aber trotzdem sollte man das nur im Notfall tun.

SCHAFE KÖNNEN MANCHMAL, WENN SIE AUF DEM RÜCKEN LIEGEN, NICHT MEHR VON SELBST AUFSTEHEN. WENN IHNEN

DANN NIEMAND ZU HILFE KOMMT, KANN ES PASSIEREN, DASS SIE AN IHREM EIGENEN GEWICHT ERSTICKEN.

Es stimmt nicht, dass man schlafende Kühe umschubsen kann. Erstens schlafen Kühe nicht im Stehen und zweitens würde unsere Kraft trotzdem nicht dazu ausreichen.

Der Goliathfrosch ist der größte Frosch der Welt. Er lebt in Westafrika und kann bis zu 30 Zentimeter lang werden und dabei über drei Kilogramm wiegen.

NICHT ALLE ELEFANTEN HABEN STOßZÄHNE – WEIBLICHE TIERE IN ASIEN HABEN KEINE. HAUPTSÄCHLICH BENUTZEN DIE TIERE DIE RIESIGEN ZÄHNE, UM NACH FUTTER UND WASSER ZU GRABEN.

Es heißt, dass es inzwischen mehr als 400 Millionen Hunde auf der Welt gibt und mittlerweile Hunderte verschiedene Rassen. Zum Beispiel Golden Retriever, Bulldoggen, Schäferhunde, Chihuahuas, Boxer ...

Ratten können von einem Parasiten befallen werden, der sie dazu bringt, dass sie keine Angst mehr vor Katzen haben. Am Ende werden die Ratten verspeist und der Parasit ist dort, wo er hinwollte – im Darm der Katze.

HUNDE KÖNNEN VIERMAL WEITER HÖREN ALS MENSCHEN UND IHR GERUCHSSINN IST 10 000-MAL BESSER ALS DER EINES MENSCHEN.

Die Lippen von einem Flusspferd sind ungefähr 60 cm dick.

Mit ihren Schnurrhaaren können Katzen überprüfen, ob sie durch eine Öffnung passen oder nicht.

GLIEDERFÜSSLER WIE SCHMETTERLINGE HABEN IHR SKELETT AUSSEN, NICHT IM KÖRPER SO WIE WIR. DAS NENNT MAN EXOSKELETT.

Der Gepard ist das schnellste Landtier der Welt. Er erreicht an die 120 Kilometer pro Stunde. Dieses Tempo kann er aber nur einige Minuten halten, dann muss er sich erholen.

Die größte Meeresschnecke kann bis zu einem Meter lang werden und an die 18 Kilogramm wiegen.

ES GIBT AN DIE 90 VERSCHIEDENE WALARTEN.

Der Blindenhund Thai lebt mit seiner Besitzerin in Amerika. Jedes Mal wenn sie zusammen ins Einkaufszentrum gehen, führt er sie in ein Geschäft, in dem es Hundeleckerlis gibt.

Das beliebteste Haustier der Deutschen ist die Katze. Man geht davon aus, dass sich das auch auf den Rest der Welt bezieht. Das heißt, Katzen sind noch etwas beliebter als Hunde.

SCHNECKEN KÖNNEN, JE NACH ART, BIS ZU 25 JAHRE ALT WERDEN.

Der Syrische Goldhamster gehört zu den beliebtesten Haustieren. Die ersten Hamster lebten auch in Syrien.

Ratten können innerhalb von einem Jahr jeden Monat bis zu 20 Junge bekommen.

ELEFANTEN HABEN AUßER DEM MENSCHEN KEINE NATÜRLICHEN FEINDE.

Die sogenannten Menschenaffen, sind nicht nur die größten, sondern auch mit die schlauesten der Welt. Sie leben im mittleren Afrika, wobei es dort leider nur noch ungefähr 100 000 Tiere gibt. Sie zählen zu den bedrohten Tierarten, weil der Mensch ihnen den Lebensraum nimmt oder sie wegen ihres Fleisches jagt.

Wale leben in Schulen (so nennt man die Gruppen) von etwa zwölf Mitgliedern.

WENN EINE KATZE SCHNURRT, DANN PASSIERT DAS UNGEFÄHR 1500 MAL IN EINER MINUTE.

Am Ohrenschmalz eines Wals kann man ablesen, wie alt er ist: Das Schmalz legt sich in Ringen in den Ohren ab, um die Tiere beim Tauchen zu schützen. Man hat herausgefunden, dass zwei Ringe Ohrenschmalz einem Lebensjahr entsprechen.

Hamster sind kurzsichtig und farbenblind.

DELFINE SIND KEINE FISCHE, SONDERN SÄUGETIERE. DIE BABYS WERDEN VON DEN MÜTTERN GESÄUGT, SOBALD SIE AUF DIE WELT GEKOMMEN SIND.

Ein ausgewachsener Elefant braucht über 200 Liter Wasser an einem Tag.

Delfine atmen Luft. Dafür müssen sie auftauchen und durch ihr Loch auf dem Kopf einatmen. Danach können sie für ungefähr 15 Minuten unter Wasser bleiben, ohne zu atmen.

WÖLFE SIND DIE EINZIGE ART AUSSER DEN MENSCHEN, DIE AN BEINAHE JEDEM ORT DER WELT ZU HAUSE IST.

Schnecken sind beides zugleich: Männchen und Weibchen. Das nennt man Zwitter.

Es stimmt nicht immer, dass Katzen auf ihren Pfoten landen. Es kommt zwar selten vor, aber auch sie können sich bei einem Sturz etwas brechen.

ELEFANTEN SIND PFLANZENFRESSER UND UNGEFÄHR 15 STUNDEN AM TAG MIT ESSEN BESCHÄFTIGT. DABEI VERTILGT EIN AUSGEWACHSENES TIER 200 KILOGRAMM AM TAG.

Hamster werden bis zu drei Jahre alt.

Der Dalmatiner (eine Hunderasse) hat bei der Geburt ein weißes Fell — die schwarzen Punkte entwickeln sich erst mit der Zeit.

DAS GEHIRN EINES DELFINS IST GRÖSSER ALS DAS EINES MENSCHEN.

Geparden können nicht brüllen wie andere Raubkatzen, dafür aber schnurren wie unsere Hauskatzen.

Goldfische können in Freiheit bis zu 40 Jahre alt werden.

SALZWASSERKROKODILE HABEN MIT DIE HÖCHSTE BEISSKRAFT ALLER TIERE - VON ÜBER EINER TONNE. TROTZDEM SIND IHRE KIEFERMUSKELN NICHT SO KRÄFTIG, DASS SIE IHR MAUL AUFREISSEN KÖNNEN, NACHDEM MAN ES IHNEN ZUGEBUNDEN HAT.

Katzen können mithilfe ihrer Augen bei Dämmerung fast so gut wie am Tag sehen. Das liegt daran, dass eine Art kleiner Spiegel in die Augen „eingebaut" ist. Er reflektiert (spiegelt) das Licht, das in die Augen einfällt und macht es dadurch heller. Deshalb heißen Reflektoren – zum Beispiel für das Fahrrad – auch oft „Katzenaugen".

Die Haut von Walen ist Lebensraum für viele andere Lebewesen, wie Seepocken und Seeläuse.

JUNGE GORILLAMÄNNCHEN GRÜNDEN UNGEFÄHR MIT 15 JAHREN EINE EIGENE FAMILIE.

Wölfe können bis zu 65 Kilometer pro Stunde schnell werden, und das bei einem stattlichen Gewicht von 50 bis 60 Kilogramm.

Krokodile können 80 Jahre alt werden.

DIE AUGEN VON RATTEN SIND NICHT SONDERLICH GUT, ABER DAFÜR KÖNNEN SIE TÖNE WAHRNEHMEN, DIE UNS VERBORGEN BLEIBEN.

Bienen sind ab und zu betrunken. Das passiert dann, wenn sie den Nektar von vergorenen Früchten trinken. So ein Rausch kann dann sogar über ein bis zwei Tage anhalten.

Ratten sind kitzlig. Wenn sie gekitzelt werden, piepsen sie.

Die Gelbe Haarqualle ist die größte Qualle der Welt. Ihre Tentakel können bis zu 37 Meter lang werden. Das ist länger als ein Blauwal, der ungefähr 33 Meter lang wird.

Ein Hai kann einen einzigen Tropfen Blut auf mehrere Meter entfernt riechen.

Die großen Ohren benötigen die Elefanten nicht nur zum Hören, sondern vor allem zum Kühlen. Durch unzählige winzige Adern fließt Blut, das dabei hilft, die Körpertemperatur zu senken. Je größer die Oberfläche der Ohren, desto mehr Wärme kann abgegeben werden.

Normalerweise werden Katzen zwischen 10 und 15 Jahre alt.

Mit ihren Rüsseln können Elefanten bestimmen, wie groß ein Gegenstand ist, welche Temperatur er hat und welche Form. Außerdem können sie sich damit Essen und Wasser ins Maul schaufeln.

Kühe haben oben keine Schneidezähne, sondern eine sogenannte Dentalplatte. Sie besteht aus verhornter Schleimhaut und reicht bis zu den Backenzähnen.

MIAUT WIRD NUR FÜR DEN MENSCHEN – UNTEREINANDER BENUTZEN KATZEN ANDERE TÖNE, UM SICH ETWAS MITZUTEILEN.

Elefanten benötigen 250 000 Kilokalorien am Tag, um zu überleben. Der Mensch braucht etwa 2000.

Weibliche Elefanten verbringen ihr Leben in Herden und helfen sich gegenseitig bei der Aufzucht der Jungtiere. Die Männchen bleiben die meiste Zeit allein.

DIE ZÄHNE VON HAIEN BRECHEN IMMER WIEDER AUS UND WACHSEN DANN NACH. AUF DIESE WEISE „VERBRAUCHT" EIN HAI IN SEINEM LEBEN AN DIE 20 000 STÜCK.

Delfine sind Fleischfresser und verwandt mit den Orcas (Schwertwalen).

> Die Vorfahren der Katzen, wie wir sie heute kennen, lebten schon vor 50 Millionen Jahren.

DELFINE „SPRECHEN" IN IHRER FAMILIE MITHILFE VON KLICK, PFEIF- UND FLÜSTERLAUTEN.

Delfine haben ausgezeichnete Augen und Ohren und können sich mithilfe von Echoloten orientieren. Das heißt, sie senden Schallwellen aus, die auf ihre Umgebung prallen, und sind dann in der Lage, die Wellen, die zurückkommen, aufzufangen.

Schon 400 Jahre vor Christus wurden Schnecken als Medizin genutzt. Sie wurden gemahlen und auf die Haut aufgetragen. Das machte man, um Entzündungen zu heilen.

HAIE HABEN KEINEN EINZIGEN KNOCHEN – IHR SKELETT BESTEHT NUR AUS KNORPELN.

Bei manchen Bienenarten überlebt nur die Königin den Winter. Das hat den Vorteil, dass keine großen Vorräte geschaffen werden müssen. Sie gründet dann im nächsten Jahr einen ganz neuen Schwarm.

Beim Stierkampf werden die Stiere nicht wegen der roten Tücher wild. Sie sind farbenblind. Was sie verrückt macht, ist das Wedeln mit den Tüchern oder anderen Gegenständen.

DASS DELFINE FREUNDLICH UND NEUGIERIG SIND, MACHT SIE ZU TOLLEN THERAPIEPARTNERN FÜR BEHINDERTE MENSCHEN.

Haibabys, die nicht aus Eiern schlüpfen, sind direkt nach der Geburt fähig, allein zu leben. Meistens verlassen sie ihre Mutter ziemlich schnell, um nicht irgendwann selbst zum Haifutter zu werden.

Manche Affenarten in Thailand bringen ihren Jungen bei, wie man die Zähne mit einer Art Zahnseide reinigt.

OKTOPUSSE HABEN DREI HERZEN UND KÖNNEN MEHR ALS 50 000 EIER AN EINEM TAG LEGEN.

Der größte Feind der Delfine ist der Mensch. Immer wieder verfangen sich die Tiere in den Fangnetzen der Fischer. Deshalb sind inzwischen schon viele Arten vom Aussterben bedroht.

Ameisen finden ihren Weg zurück zum Ameisenhaufen durch Duftstoffe, mit denen sie ihren Weg markieren.

GEPARDEN MÜSSEN NUR ALLE DREI BIS VIER TAGE ETWAS TRINKEN.

Delfine gelten als sehr schlau – sie können sich sogar selbst im Spiegel erkennen.

In Afrika sterben jedes Jahr mehr Menschen durch den Angriff von Nilpferden als durch den von Löwen.

NORMALERWEISE PUTZEN SICH KATZEN DREI BIS VIER STUNDEN AN EINEM TAG.

Erwachsene Gorillas verbringen fast den ganzen Tag mit Fressen. Sie sind Vegetarier und können an die 30 Kilogramm Nahrung an einem Tag vertilgen.

Das Summen der Bienen entsteht nicht durch das Schlagen der Flügel, sondern durch das Vibrieren (Zittern) der Muskeln.

HAMSTER KÖNNEN IHREN NAMEN LERNEN, WENN MAN SIE OFT GENUG DAMIT ANSPRICHT. MIT ETWAS GLÜCK KOMMEN SIE DANN SOGAR, WENN MAN SIE RUFT.

> Wegen ihres dichten Pelzes können Wölfe Temperaturen bis zu minus 40 Grad ohne Probleme überstehen.

Eisbären greifen Walrosse nicht direkt an. Sie nähern sich einer Gruppe und warten einfach ab, bis die Tiere in Panik geraten. Dabei verletzen sich so viele selbst, dass die Bären sie nur noch „verspeisen" müssen.

BAKTERIEN BESTEHEN AUS NUR EINER ZELLE.

Wölfe können bis zu einem Fünftel ihres eigenen Körpergewichts fressen. Durch diesen „Trick" halten sie es tagelang ohne Futter aus.

Haie sind seit Jahren vom Aussterben bedroht.

Eine Schnecke hat etwa 40 000 Zähne. Sie sitzen auf der Zunge der Tiere.

Die einzigen Angriffe auf Menschen sind in den letzten Jahrzehnten nur von tollwütigen Wölfen erfolgt. Normalerweise meiden sie ein Aufeinandertreffen und laufen davon.

Eine der beliebtesten Hunderassen ist der Labrador. Er ist freundlich, vor allem zu Kindern, schlau und ausdauernd. Deshalb sieht man ihn auch oft als „Mitarbeiter" der Polizei und als Blindenhund.

Schokolade und Kaffee sind für Hamster tödlich.

Ratten haben menschliche Vorlieben: Auf ihrer Speisekarte stehen zum Beispiel Nudeln und Eier. Sie trinken sogar Alkohol – es gibt Ratten, die sich regelrecht und gern betrinken.

Die Königin der Bienen kann bis zu fünf Jahre alt werden.

RATTEN FRESSEN IM NOTFALL ALLES: SEIFE, PAPIER UND HOLZ.

Wenn Wale singen, kann das so laut werden wie ein Düsenjet beim Start.

Elefanten sind die größten Landsäugetiere der Welt und leben in Afrika und Asien.

HAMSTER SIND SEHR REINLICHE TIERE UND HALTEN IHREN STALL SO SAUBER WIE MÖGLICH.

In der Schweiz dürfen gesellige Tiere wie Meerschweinchen, Wellensittiche oder Goldfische nicht mehr einzeln gehalten werden. Man muss mindestens zwei Tiere haben.

Ratten putzen sich (und ihren Lieblingsmenschen) gern mehrmals am Tag.

MANCHE GORILLAS SIND SO SCHLAU, DASS SIE IN GEFANGENSCHAFT GELERNT HABEN, SICH MIT DEN MENSCHEN MITHILFE EINER ZEICHENSPRACHE ZU UNTERHALTEN.

Rattenmütter sind Löwenmütter: Wenn ihrem Nachwuchs Gefahr droht, verteidigen sie ihn mit ihrem Leben.

Gorillas rülpsen, wenn sie glücklich sind.

SCHMETTERLINGE HABEN IHRE GESCHMACKSNERVEN NICHT IM MUND, SONDERN AN DEN FÜSSEN. DAS HEISST, SIE SCHMECKEN IHR ESSEN NUR DANN, WENN SIE DARAUF STEHEN.

Schnecken fressen nicht nur Pflanzen. Manchmal stehen auch kleine Lebewesen wie Insekten oder Würmer auf ihrer Speisekarte.

Moskitos haben 47 Zähne.

IN DEUTSCHLAND LEBEN INZWISCHEN WIEDER AN DIE 300 WÖLFE.

Katzen können ungefähr 15-mal besser riechen als Menschen.

Schnecken können im Meer auf Algen „surfen". Auf diese Weise legen sie große Strecken (mehrere Hundert Kilometer) zurück, ohne sich anstrengen zu müssen.

IN EINER STUNDE KOMMT EINE SCHNECKE UNGEFÄHR DREI METER WEIT.

Es gibt eine Schneckenart in Afrika, die so groß wie eine Ratte werden kann und dabei ein Kilogramm schwer ist.

Hunde sind ungefähr so schlau wie ein zweijähriges Kind. Sie können mehr als 200 verschiedene Kommandos unterscheiden.

BIENEN HABEN ZWEI PAAR FLÜGEL: EIN PAAR VORN UND EINES HINTEN. DAS VORDERE PAAR IST DAS GRÖSSERE.

In manchen Ländern gelten Schnecken als sehr gesunde Delikatesse. Sie werden in teuren Lokalen in einer Knoblauchsoße serviert.

Katzen kommen Bäume nur wieder herunter, wenn sie dabei rückwärts klettern. Das liegt an der Form der Krallen. Vorwärts würden sie sich genauso schwertun wie ein Mensch.

Schnecken können locker das Zehnfache ihres eigenen Körpergewichts vertilgen.

Wale müssen atmen, weil sie Säugetiere sind und eine Lunge – keine Kiemen – haben.

Viele Walarten haben keine Zähne, sondern sogenannte Barten. Das sind viele dicht aneinanderliegende Hornplatten. Sie funktionieren wie ein enger Kamm. Auf diese Art können die Wale kleinste Lebewesen (Plankton) aus dem Wasser filtern.

Hunde können kein Rot und kein Grün sehen.

Obwohl es sehr viele lustige Videos darüber gibt – es stimmt nicht, dass Katzen Angst vor Gurken haben. Die Gurken wurden immer irgendwo hingelegt, ohne dass es die Katze merkte. Das ist der Grund für den Schreck.

2007 wurde der bis heute älteste Wal aller Zeiten erlegt. Er war an die 130 Jahre alt. In seiner Haut steckte noch ein Teil einer Harpune (das ist ein Geschoss, mit dem man Wale jagt) aus dem 19. Jahrhundert.

WALE SINGEN GERN. SIE SINGEN EIN „LIED", BIS IHNEN LANGWEILIG WIRD. DANACH ÜBERLEGEN SIE SICH EINE NEUE MELODIE.

Es stimmt, dass Ratten durch die Rohre der Toiletten in die Wohnung gelangen können.

Gorillas sind nahe Verwandte der Menschen, sie tragen fast die gleiche Erbinformation in sich – zu 98 Prozent.

DAS GRÖẞTE TIER DER WELT IST DER BLAUWAL. ER KANN BIS ZU 150 TONNEN SCHWER UND 33 METER LANG WERDEN.

Wale hören mit dem Unterkiefer, nicht mit den Ohren. Die Töne werden dann von den Kieferknochen zum Innenohr geleitet.

Schwertwale können bis 55 Kilometer pro Stunde schnell schwimmen.

SCHNABELWALE KÖNNEN BIS ZU 3000 METER TIEF TAUCHEN.

Ein Walbaby trinkt am Tag bis zu 250 Liter Milch.

Die Haut von Walen ist sehr empfindlich. Deshalb können sie auch einen Sonnenbrand bekommen.

DIE JAGD AUF WALE HAT DIE SANFTEN RIESEN AN DEN RAND DER AUSROTTUNG GETRIEBEN. INZWISCHEN HABEN SICH EINIGE ARTEN DANK SCHUTZPROGRAMMEN UND JAGDVERBOTEN WIEDER ETWAS ERHOLT.

Anders als gedacht, sterben viel mehr Haie durch Menschen als andersherum. Auf zwei Millionen getötete Haie (zum Beispiel durch Fischfang) kommt ein Mensch, der durch einen Haiangriff stirbt.

Sämtliche Hunderassen, die wir heute kennen, stammen ursprünglich vom Wolf ab.

DELFINE ERREICHEN ÜBER 50 STUNDENKILOMETER UND KÖNNEN BIS ZU 300 METER TIEF TAUCHEN.

Haie verfügen über ein außerordentlich gutes Gehör – sie können Fische hören, die mehr als 500 Meter weit von ihnen entfernt sind.

Man hat herausgefunden, dass es die Haie schon seit ungefähr 400 Millionen Jahren gibt.

KATZEN KÖNNEN GERÄUSCHE IM ULTRASCHALLBEREICH (AUSSERHALB DES HÖRBEREICHS DER MENSCHEN) WAHRNEHMEN.

Eine gesunde Katze kann fünfmal höher springen, als sie groß ist.

Der Walhai kann bis zu 14 Meter lang werden.

MANCHE HAIE LEGEN EIER. DIE EIER DES KATZENHAIS SIND VIERECKIG.

Im Kopf von Delfinen befindet sich ein Organ, das die Forscher „Melone" nennen. Bis heute ist aber nicht erforscht, wofür es da ist. Man geht davon aus, dass es etwas mit dem Echolot zu haben könnte.

Der Weiße Hai ist der gefährlichste von allen Arten — er kann bis zu 30 Stundenkilometer schnell werden.

Der Weiße Hai funktioniert beinahe wie eine Maschine, weil er seine Körpertemperatur immer im perfekten Bereich (26 Grad Celsius) halten kann. Dadurch ist er immer hellwach und absolut leistungsfähig.

Die meisten Verletzungen, die Haie bei Menschen verursachen, stammen nicht von ihren Zähnen, sondern von ihrer Haut. Denn obwohl Haie aussehen, als wären sie ganz glatt, ist ihre Haut so rau, dass man sich schnell daran verletzen kann.

Haie haben einen sechsten Sinn. Mit einem eigenen Organ, das aus unzähligen kleinen Öffnungen um das Maul herum besteht, können die Tiere elektrische Impulse (Bewegungen) von anderen Lebewesen wahrnehmen. Auf diese Weise können Haie ihre Beute wie ein Radar ausfindig machen.

Bienen sind schlau – sie können sich sogar Gesichter merken. Wenn sie einen Menschen wiedererkennen, geben sie dieses Wissen an die nächste Generation weiter.

Eine Bienenkönigin lebt nur zum Eierlegen. Dabei bringt sie es auf ungefähr 1500 Eier am Tag und fast eine Million in einem Leben.

Über ihren langen, nackten Schwanz können Ratten ihre Körpertemperatur regeln.

BIENEN KÖNNEN NOCH BESSER RIECHEN ALS HUNDE.

Jede Gorillafamilie hat einen Chef – den Silberrücken. Diese beeindruckenden Männchen werden über 1,70 Meter groß und wiegen dabei um die 240 Kilogramm. Sie sind dafür zuständig, die Familie zu beschützen.

Wolfsbabys sind bei der Geburt blind und taub. Es dauert acht Monate, bis sie mit der Herde mitlaufen können.

ES GIBT UNGEFÄHR 500 MILLIONEN KATZEN AUF DER WELT, DIE ALS HAUSTIERE BEI DEN MENSCHEN LEBEN.

Wenn Delfine schlafen, treiben sie an der Oberfläche. Sie können dabei eine Hälfte des Gehirns schlafen lassen – die andere bleibt wach und passt auf. Dafür bleibt dann sogar auch ein Auge auf.

Es gibt sieben verschiedene Arten von Honigbienen und über 40 verschiedene Unterarten.

Nur die weiblichen Bienen (die Königin und die Arbeiterinnen) können stechen. Die männlichen Drohnen nicht.

Eine Bienenkönigin wird vom Bienenvolk gewählt.

Eine Möwe hat ungefähr 6000 Federn — ein Schwan hat 25 000.

In China sind die Bienen an vielen Orten bereits ausgerottet. Dort müssen jetzt Minidrohnen oder Menschen die einzelnen Blüten bestäuben. Ansonsten gäbe es dort kein Obst mehr.

Katzen leben schon lange, nämlich an die 10 000 Jahre, in Gemeinschaft mit den Menschen.

Katzen können nichts Süßes schmecken.

Wölfe „joggen" stundenlang, ohne sich dabei zu verausgaben. Auf diese Weise können sie in einer Nacht an die 100 Kilometer weit laufen.

Hamster sind sehr zutraulich und freuen sich, wenn ihr Besitzer sie aus dem Käfig lässt, um mit ihnen zu spielen.

Katzen sind wahre Langschläfer – sie schaffen ungefähr 14 Stunden am Tag.

RATTEN KÖNNEN AUFGABEN GENAUSO SCHNELL LÖSEN WIE HUNDE.

Hamster stopfen Vorräte, die sie sammeln, in ihre Backen, um sie dann zu verstecken. Dabei können sie sich ihre Backen so vollstopfen, dass ihr Kopf dreimal so groß aussieht, wie er in Wirklichkeit ist.

Die älteste Katze der Welt wurde 38 Jahre alt.

HAMSTER SCHLAFEN AM TAG UND WERDEN NACHTS WACH. SIE SIND NACHTAKTIV.

Es gibt 25 verschiedene Hamsterarten.

Hamster können Höhlen mit verschiedenen Räumen anlegen, die bis zu einem halben Meter tief unter der Erde vergraben sind.

WISSENSCHAFTLER HABEN HERAUSGEFUNDEN, DASS HAMSTER VERSCHIEDENE LAUNEN HABEN KÖNNEN.

Hamster finden ihren Weg, indem sie ihn mit ihrem Geruch markieren. Das hilft ihnen über ihre mangelnde Sehfähigkeit hinweg.

Man geht davon aus, dass es mehr als 22 000 verschiedene Arten von Ameisen geben soll. Erforscht sind bis heute allerdings erst um die 12 000.

AMEISEN KÖNNEN DAS ZWANZIGFACHE IHRES EIGENEN GEWICHTS TRAGEN.

Die Kolonien, in denen Ameisen leben, können von einigen Hundert bis zu einigen Millionen Mitgliedern groß sein.

Delfine sind Raubtiere. Fische und Tintenfische werden gefangen und dann meistens im Ganzen verschluckt.

AMEISENKÖNIGINNEN KÖNNEN 30 JAHRE ALT WERDEN. DAS IST DER REKORD UNTER ALLEN INSEKTEN DER WELT.

Außer in der Antarktis und auf einigen Inseln kommen Ameisen auf der ganzen Welt vor. Es gibt sogar Arten, die unter Wasser leben.

Eine Art der Wüstenameise schafft es, in einer Sekunde etwa einen Meter zurückzulegen — das ist ein Rekord unter Ameisen.

AMEISEN HALTEN HAUSTIERE. SIE PFLEGEN BLATTLÄUSE, UM SIE DANN ZU MELKEN. DAFÜR BAUEN SIE IHNEN SOGAR KLEINE STÄLLE UND BESCHÜTZEN SIE VOR FRESSFEINDEN.

> Es gibt Ameisenarten, die Temperaturen von unter minus 40 Grad überstehen können.

Manchmal schließen sich mehrere Ameisenkolonien zusammen. Das kann sich über Tausende Kilometer weit erstrecken. In dem Fall entsteht dann eine riesige Kolonie mit mehreren Millionen Mitgliedern.

EIN AMEISENNEST KANN MEHRERE QUADRATKILOMETER GROß SEIN.

Ameisen legen oft zwei Straßen an: eine Hauptstraße und eine Nebenstraße. Die Nebenstraße wird dann genutzt, wenn es zu einem Stau auf der Hauptstrecke kommt.

In manchen Ländern isst man gern Ameisen.

ES GIBT DREI ARTEN VON SCHNECKEN: LAND-, WASSER- UND MEERESSCHNECKEN. DESHALB HABEN MANCHE (DIE LANDSCHNECKEN) LUNGEN UND ANDERE (DIE WASSERSCHNECKEN) KIEMEN.

Das Gehirn der meisten riesigen Dinosaurier war oft nur so groß wie eine Nuss.

Kängurus können nicht rückwärtslaufen.

NILPFERDE SIND SCHNELLER ALS MENSCHEN.

Die Milch von Nilpferden ist rosa.

Delfine sind sehr sozial. Sie trauern um verstorbene Familienmitglieder und helfen sich gegenseitig, wenn Gefahr droht.

DAS KLEINSTE WIRBELTIER DER WELT IST DER ENGMAULFROSCH. ER WIRD NUR EINIGE MILLIMETER GROß UND LEBT IN PAPUA-NEUGUINEA.

Den längsten „Mittagsschlaf" können Schlangen halten – manchmal dauert er ganze drei Jahre.

Ziegen haben rechteckige Pupillen.

DELFINE LEBEN NICHT NUR IM MEER, SONDERN AUCH IN GROßEN FLÜSSEN WIE DEM AMAZONAS.

Mit einem Maulvoll essen Blauwale eine halbe Million Kalorien.

Das Fell von Eisbären ist nicht weiß, sondern durchsichtig. Es sieht nur weiß aus, weil es das Licht reflektiert (zurückstrahlt). Durchsichtige Haare lassen mehr Sonnenlicht zur Haut durchkommen — das wärmt die Bären auf.

WENN SICH TRUTHÄHNE AUFREGEN, WERDEN SIE ROT.

Die Haut eines Tigers ist genauso gestreift wie sein Fell.

MOSKITOS SIND DIE TÖDLICHSTEN TIERE DER WELT – SIE ÜBERTRAGEN KRANKHEITEN AUF MENSCHEN UND TIERE UND SORGEN SO FÜR DIE MEISTEN TODESOPFER.

Fische können husten.

Ein Elefantenrüssel kann bis zu zwei Meter lang werden und weit über 100 Kilogramm wiegen. Er dient den Tieren auch als Schnorchel beim Schwimmen.

DER KOT VON WOMBATS HAT WÜRFELFORM. DIE WISSENSCHAFTLER HABEN LANGE GERÄTSELT UND DENKEN, DASS ES ETWAS MIT DER FORM DES DARMS DER TIERE UND DER TROCKENHEIT IN AUSTRALIEN (DORT LEBEN SIE) ZU TUN HAT.

Fledermäuse sind die einzigen Säugetiere auf der Welt, die fliegen können.

Die Zunge einer Giraffe ist blau und kann bis zu einem halben Meter lang werden.

SCHNABELTIERE HABEN KEINEN MAGEN. DAS ESSEN WIRD DIREKT ZU DEN INNEREIEN TRANSPORTIERT.

Bienen können höher als der höchste Berg der Welt (der Mount Everest) fliegen.

Wildschweine waschen ihr Futter, bevor sie es essen.

AUSGEWACHSENE KATZEN HABEN EINE LAKTOSEUNVERTRÄGLICHKEIT. IHNEN FEHLT DER STOFF IM KÖRPER, UM DIE LAKTOSE IN DER MILCH AUFZUSPALTEN. WENN SIE MILCH TRINKEN, BEKOMMEN SIE DURCHFALL ODER SIE MÜSSEN BRECHEN.

Ratten haben ein sehr gutes Gedächtnis – wenn sie sich bei Menschen zu Hause und wohl fühlen, können sie richtig trauern, wenn der Mensch, an den sie sich gebunden haben, weg ist.

Die Adern eines Blauwals sind so groß, dass ein Baby hindurchpassen würde.

KÄNGURUS BRAUCHEN IHREN SCHWANZ FÜR DIE BALANCE – OHNE IHN KÖNNTEN SIE NICHT HÜPFEN.

Tintenfische haben Schnäbel. Sie bestehen aus dem gleichen Material wie unsere Fingernägel: Keratin.

Delfine sind sehr verspielt und schlau. Deshalb sind sie auch bei Vorführungen sehr beliebt. Manche werden sogar zum Suchen von Unterwasserminen ausgebildet.

HERINGE UNTERHALTEN SICH MITEINANDER, INDEM SIE PUPSEN.

Schlangen können Erdbeben bis zu fünf Tage vorher spüren.

Eine Maus kann in Gefangenschaft bis zu zwei Jahre alt werden. In der freien Wildbahn sind es dagegen gerade mal ungefähr sechs Monate.

MÄNNLICHE ZIEGEN PINKELN IHREN BART AN, UM AUF DIE WEIBCHEN UNWIDERSTEHLICH ZU WIRKEN.

Marienkäfer haben einen ganz eigenen Geruch, den wir riechen können, obwohl sie so winzig sind.

Das Brüllen eines Löwen ist 25-mal so laut wie ein Rasenmäher.

Wenn ein Oktopus geboren wird, ist er gerade mal so groß wie ein Floh.

Seesterne haben kein Blut. In ihren „Adern" fließt Meerwasser.

Eidechsen fressen ihre eigene Haut, wenn sie sich häuten. Auf diese Weise schützen sie sich vor Feinden, die sie leichter finden könnten, wenn sie die Haut liegen lassen würden.

Bienen haben Knie. Ihre Beine bestehen aus sechs Teilen (Segmenten) und eines davon ist das Knie.

Ein ganzer Bienenschwarm folgte einmal zwei Tage lang einem Auto – die Bienenkönigin war darin eingesperrt!

Einzelne Wölfe jagen eher kleine Tiere wie Eichhörnchen. Wenn sie aber im Rudel unterwegs sind, kann es passieren, dass sie alle zusammen wirklich große Tiere wie Elche oder Rinder erlegen.

AUF DER JAPANISCHEN INSEL OKUNOSHIMA LEBEN 700 SEHR FREUNDLICHE WILDKANINCHEN. SIE SIND DIE EINZIGEN BEWOHNER DER INSEL.

> Sechs der acht Arme eines Tintenfischs sind tatsächlich Arme. Die anderen zwei sind Beine.

Otter haben Lieblingskieselsteine, die sie sammeln und unter ihren Armen in einer Hauttasche aufbewahren. Sie benutzen die Steine, um kleine Schalentiere aufzubrechen. Manchmal wird mit den Steinen aber auch einfach nur gespielt.

OTTER HALTEN HÄNDCHEN, WÄHREND SIE SCHLAFEN, DAMIT SIE NICHT VON DER STRÖMUNG IM WASSER ZU WEIT AUSEINANDERGETRIEBEN WERDEN.

Eichhörnchen vergessen bei der Hälfte ihres Vorrats an Nüssen, wo sie ihn vergraben haben.

Kühe schließen Freundschaften untereinander und sind traurig, wenn sie von ihren Freunden getrennt werden.

PFERDE HABE NUR EINEN KNOCHEN WENIGER (205 STÜCK) ALS WIR MENSCHEN (206 STÜCK), OBWOHL SIE SO VIEL GRÖßER SIND.

Seeanemonen können rülpsen.

Gürteltiere bekommen meistens Vierlinge.

IN GEFANGENSCHAFT KÖNNEN PANDAS DOPPELT SO ALT WIE IN DER FREIEN WILDBAHN WERDEN.

Es gibt mehr Flamingos aus Plastik oder Metall auf der Welt als echte.

Es gibt eine Schnecke, die ist halb Tier, halb Pflanze. Sie kann den Stoff Chlorophyll herstellen. Das können sonst nur die Pflanzen.

MANCHE TIERE, WIE ZIEGEN ODER VÖGEL, HABEN EIGENE DIALEKTE.

Weintrauben sind für Hunde und Katzen giftig.

Geparden können ihre Beute aus mehr als vier Kilometer Entfernung erkennen.

BEI DEN TERRORANSCHLÄGEN VOM 11. SEPTEMBER 2001 IN DEN USA SCHAFFTE ES EIN BLINDENHUND, SEINEN BESITZER AUS DEM GEBÄUDE ZU RETTEN. ER FÜHRTE IHN GANZE 78 STOCKWERKE HINUNTER, BIS DIE BEIDEN WOHLBEHALTEN UNTEN ANKAMEN.

Einige Sumpf- und Wasserschildkröten können mit ihrem Po atmen. Sie haben dazu eine Art Tank, wo Wasser gesammelt wird, und die Tiere können den Sauerstoff wie mit Kiemen herausfiltern.

Blindenhunde können ihr Häufchen auf Kommando machen. Das ist für ihre Besitzer sehr wichtig, denn nur so können sie die Haufen auch wegräumen.

GIRAFFEN SIND SO GELENKIG, DASS SIE IHREN KOPF AUF IHR HINTERTEIL LEGEN KÖNNEN, UM SO ZU SCHLAFEN.

In Amerika und Chile wurden Hühnern Schwänze gezüchtet, sodass man nachvollziehen konnte, wie wohl der Dinosaurier Tyrannosaurus Rex gelaufen ist.

Ein Leopard beschleunigt in drei Sekunden von null auf fast 100 Stundenkilometer.
(Um genau zu sein, bringt er es auf 95 Stundenkilometer).

ES HEISST, DASS IM FELL EINES HUNDES WENIGER BAKTERIEN ALS IM BART EINES MANNES ZU FINDEN SIND.

Das kleinste Säugetier der Welt ist die Etruskerspitzmaus. Sie lebt in Asien und im Mittelmeerraum – sie ist kleiner als eine Eineuromünze.

> In Korea gibt es eine Hunderasse, die angeblich Geister und Unglück besiegen kann. Man nennt sie Sabsal.

EINTAGSFLIEGEN KÖNNEN NUR SO LANGE FRESSEN, WIE SIE ALS LARVEN IM WASSER LEBEN. SOBALD SIE FLIEGEN KÖNNEN, VERKÜMMERN IHRE MUNDWERKZEUGE UND DER DARM KANN NICHT MEHR VERDAUEN. SIE LEBEN NUR NOCH KURZ, UM IHRE EIER ABZULEGEN.

Die Grashüpfermaus stellt sich vor der Jagd auf ihre Hinterbeine, wirft den Kopf in den Nacken und heult dazu wie ein Wolf.

Koalabären schlafen manchmal bis zu 22 Stunden am Tag. Sie brauchen mindestens 18 Stunden Schlaf, sonst würden sie an Erschöpfung sterben.

In Nordamerika gibt es Frösche, die wochenlang zu Eis gefrieren können. Den sogenannten „Eisfröschen" gelingt das im Winter sogar mehrmals, dann tauen sie wieder auf.

Kakerlaken können mehrere Stunden lang ohne Kopf leben. Der einzige Grund, warum sie dann sterben, ist, dass sie keine Nahrung mehr aufnehmen können.

Hummer haben keine Zähne im Mund, aber dafür im Bauch. Sie schlucken das Futter einfach hinunter und zerkauen es dann im Bauch.

Lemuren gehören zur Gruppe der Feuchtnasenaffen.

Schweine zählen zu den intelligentesten Tieren der Welt – sie sind schlauer als Hunde und haben mit das beste Gedächtnis aller Tierarten.

An Katzenminze zu schnuppern wirkt auf Katzen wie ein Rausch. Die Wirkung hält aber höchstens eine halbe Stunde an.

Katzen (außer Siamkatzen) mit blauen Augen sind oft taub. Genauso ist das bei weißen Boxern (eine

HUNDERASSE). ANSCHEINEND HÄNGT BEIDES ERBLICH
MITEINANDER ZUSAMMEN.

Es gibt wahrscheinlich nur drei Lebewesen auf der Welt, die Humor verstehen können: Menschen, Schimpansen und Ratten.

Schmetterlinge können sich an ihr Leben als Raupe erinnern. Das haben Wissenschaftler mithilfe eines Geruchs herausgefunden. Die ausgewachsenen Tiere reagierten auf den Geruch, den sie als Larven kennengelernt hatten.

EINE AMEISE KANN AN DIE 30 JAHRE ALT WERDEN.

Elefantenbabys nuckeln manchmal an ihren Rüsseln. Das beruhigt sie.

Eichhörnchen adoptieren verlassene Eichhörnchenbabys.

HASEN KÖNNEN MIT DEN AUGEN EINMAL FAST GANZ UM SICH HERUM SEHEN. DAS SCHÜTZT SIE VOR RAUBTIEREN.

Pferde haben ein besseres Gedächtnis als Elefanten.

Man hat herausgefunden, dass ein Tier, je größer sein Gehirn ist, desto länger gähnt.

Tintenfische sind sehr schlau. Man hat sie schon dabei beobachtet, wie sie in Fischerboote geklettert sind und die gefangenen Fische aus den verschlossenen Kisten geklaut haben.

Ochsenfrösche brauchen keinen Schlaf.

Dinosaurier haben absichtlich große Steine gefressen, das half ihnen bei der Verdauung. Die Steine zermalmten das Futter im Bauch.

Elstern gelten als sehr schlaue Tiere. Sie können sogar ihr eigenes Spiegelbild erkennen.

Laut einer Studie mögen Mücken am liebsten das Blut von Menschen mit der Blutgruppe 0.

Wenn sich die Wege von Krokodilen und Seekühen kreuzen, haben die Seekühe Vorfahrt.

EIN SKORPION, DER MIT ALKOHOL IN BERÜHRUNG KOMMT, WIRD VERRÜCKT UND TÖTET SICH SELBST. DIE TIERE SCHEINEN DURCH DEN ALKOHOL DEN VERSTAND ZU VERLIEREN.

Als Melanismus bezeichnet man im Tierreich eine schwarze Färbung (im Gegensatz zu der weißen Farbe von Albinos). Ein schwarzer Panther ist nichts anderes als ein Leopard mit schwarzem Fell.

Es gibt Katzen, die extra so gezüchtet werden, dass sie sich wie junge Hunde verhalten.

SEIT DEM 1. APRIL 1994 DÜRFEN IN DER ANTARKTIS KEINE HUNDE MEHR GEHALTEN WERDEN. MAN HATTE HERAUSGEFUNDEN, DASS SIE EINE KRANKHEIT AUF DIE DORT LEBENDEN SEEHUNDE ÜBERTRAGEN KÖNNEN.

Eine Katze hat 32 Muskeln, nur um ihre Ohren bewegen zu können. Wir Menschen haben dafür nur sechs Stück.

Nilpferde können schwimmend im Wasser schlafen. Sie besitzen einen Reflex, der sie immer wieder zum Atmen an die Oberfläche treibt, ohne dass sie dabei aufwachen.

TERMITENKÖNIGINNEN KÖNNEN 20 JAHRE ALT WERDEN.
DAS IST DER REKORD IM INSEKTENREICH.

Leguane haben drei Augen. Zwei im Gesicht und eines auf dem Kopf. Mit dem dritten Auge nehmen sie aber nur die Helligkeit wahr.

Inzwischen sind Löwen so sehr vom Aussterben bedroht, dass es auf der Welt mehr Statuen von ihnen als echte Tiere gibt.

DREI HUNDE HABEN 1912 DEN UNTERGANG DER *TITANIC* ÜBERLEBT.

Hasen werden mit Fell geboren und können von Anfang an sehen. Kaninchen sind nach der Geburt zuerst blind und haben kein Fell.

In der Wildnis tun sich Zebras und Strauße oft zusammen. Sie ergeben ein gutes Team: Die Zebras hören Feinde und Strauße sehen sie fast genauso schnell. Auf diese Weise können sie sich sehr gut schützen.

EULEN HABEN SPEZIELLE FEDERN, DIE ES IHNEN MÖGLICH MACHEN, LAUTLOS ZU FLIEGEN. AUF DIESE WEISE KÖNNEN SIE SICH IHREN OPFERN UNBEMERKT NÄHERN.

Es gibt eine Quallenart im Mittelmeer, die unsterblich ist. Sobald sie anfängt, zu alt zu werden, lässt sie sich auf den Meeresgrund fallen und erneuert sich komplett – es ist wie eine Wiedergeburt. Wenn sie nicht gefressen oder an Land gespült wird, lebt sie ewig.

Es gibt eine Kreuzung aus Zebra und Pferd – man nennt sie Zorse. Das Wort ist aus „zebra" und „horse" (englisch für Pferd) zusammengesetzt.

RABEN KÖNNEN MENSCHLICHE STIMMEN BESSER NACHAHMEN ALS PAPAGEIEN. IHRE STIMME IST DER VON MENSCHEN ÄHNLICHER UND SIE KÖNNEN SICH MEHR WÖRTER MERKEN. DAS GLEICHE FUNKTIONIERT AUCH MIT DEN LAUTEN VON WÖLFEN ODER FÜCHSEN.

In einem Bienenstock herrscht die gleiche Temperatur wie im menschlichen Körper. Damit das auch immer so bleibt, fächern die Bienen mit ihren Flügeln, sollte es doch einmal wärmer werden.

In Neuseeland gibt es eine Papageienart namens Kakapo. Er ist der einzige Papagei der Welt, der nicht fliegen kann.

Der Panzer von Gürteltieren ist schussfest. Wenn man auf eines schießt, prallt die Kugel ab und es bleibt unverletzt.

Katzen haben an den Vorderpfoten fünf, an den Hinterpfoten nur vier Zehen.

In einer Herde von Pferden schlafen nie alle Tiere gleichzeitig. Mindestens eines hält immer abwechselnd Wache. Auf diese Weise schützen sich die Tiere vor Angriffen.

Mäuse merken, wenn es ihren Artgenossen schlecht geht. Man hat festgestellt, dass sie die Stimmung übernehmen und auch traurig werden.

Schimpansen, Gorillas und Koalas haben wie wir einzigartige Fingerabdrücke.

Grönlandhaie können bis zu 500 Jahre alt werden. Sie sind erst mit ungefähr 150 Jahren erwachsen.

> Elefanten können an einem gebrochenen Herzen sterben, wenn sie ein Familienmitglied oder einen Freund verlieren.

Vor 40 Millionen Jahren waren manche Pinguine bis zu 1,80 Meter groß. Das ist so groß wie ein erwachsener Mensch. Man hat Knochen gefunden, die das belegen.

ES GIBT HIRSCHE, DIE SO KLEIN WIE HASEN SIND. SIE HEIßEN PUDUS.

Seehunde können lachen. Das tun sie manchmal gemeinsam mit ihren Freunden.

Es gibt dreimal so viele Hühner wie Menschen auf der Welt.

WENN SPECHTE LÄNGER NICHTS ZU FRESSEN FINDEN, JAGEN SIE ANDERE VÖGEL UND VERSPEISEN IHR GEHIRN. SIE KÖNNEN DURCH IHRE BESONDERE KRAFT DEN SCHÄDEL DES ANDEREN VOGELS AUFHACKEN.

Pinguinmännchen schenken der angebeteten Pinguindame einen Kieselstein, um ihr ihre Liebe zu zeigen. Wenn das Weibchen den Stein annimmt, bleiben sie ein Leben lang zusammen.

Seekühe frieren leicht. Sie bekommen schon Erfrierungen, wenn das Wasser, in dem sie leben, weniger als 20 Grad hat.

IN DEN HÖCKERN VON KAMELEN WIRD KEIN WASSER, SONDERN FETT GESPEICHERT.

Wenn man Goldfische im Dunkeln hält, verlieren sie ihre Farbe. Sie bildet sich nur, wenn die Haut Licht bekommt.

Es gibt einen Fisch in der Tiefsee, den Glaskopffisch, dessen Kopf komplett durchsichtig ist.

STUBENFLIEGEN SUMMEN IN DER TONART F. WARUM DAS SO IST, WEISS MAN NOCH NICHT. ABER DIE TONART SCHEINT IN DER NATUR ANKLANG ZU FINDEN, DENN SIE WIRD AUCH FÜR HIRTENMUSIK VERWENDET.

Taranteln können bis zu 20 Jahre alt werden. Dabei schaffen sie es im Notfall ganze zwei Jahre ohne Futter.

Wenn Chinchillas in Stress geraten, werfen sie büschelweise ihr Fell ab.

DIE MEERECHSEN LEBEN AUF DEN GALAPAGOSINSELN. DIE MEISTEN TIERE HABEN EINEN WEISSEN KOPF. DAS KOMMT DAHER, DASS SIE MIT DER NAHRUNG AUS DEM WASSER VIEL SALZ AUFNEHMEN. SOBALD ES FÜR IHREN KÖRPER ZU VIEL WIRD, NIESEN SIE ES EINFACH AUS. DIE KLEINEN SALZWOLKEN, DIE DABEI AUSGESTOSSEN WERDEN, LAGERN SICH DANN AUF IHREN KÖPFEN AB.

Krähen können sich erinnern und dies weitergeben. Bei einer Studie hat man herausgefunden, dass sie sich genau einprägen, wer eine Gefahr für sie ist. Sie merken sich den „Gegner" und berichten es den anderen Krähen.

Alpakas (das ist eine Kamelform in den südamerikanischen Anden) können an Einsamkeit sterben. Deshalb sollten immer mindestens zwei Tiere zusammen gehalten werden.

KÜHE GEBEN MEHR MILCH, WENN MAN IHNEN RUHIGE MUSIK VORSPIELT. DADURCH WIRD EIN BOTENSTOFF IM KÖRPER ANGEREGT, DER FÜR DIE MILCHPRODUKTION VERANTWORTLICH IST.

Es gibt Schmetterlinge, die schneller fliegen können, als ein Pferd rennt.

Libellen leben im Winter in wärmeren Gebieten als im Sommer. Sie reisen also wie die Zugvögel. Weil sie aber nie so lange leben, dass sie in dem anderen Land auch ankommen, fliegen ihre Nachkommen den Weg weiter. Das heißt, die Libellen, die das Ziel erreichen, sind die Enkel und Urenkel derer, die gestartet sind.

MEERESSCHILDKRÖTEN LERNEN NIE IHRE ELTERN KENNEN. SIE WERDEN ALS EIER VON DER MUTTER AM STRAND ABGELEGT UND WANDERN DANN VON ALLEIN INS MEER, SOBALD SIE GESCHLÜPFT SIND.

Die Beine von Pinguinen sind viel länger, als man denkt. Sie verschwinden nur gleich nach den Füßen im Körper. Auf Röntgenbildern kann man sehen, wie lang sie sind. Sie haben sogar Knie.

Es gibt Spinnenarten, bei denen sich die Jungen, wenn sie schlüpfen, durch die Haut der Mutter fressen, um nach draußen zu gelangen.

WENN EINE KRÄHE STIRBT, UNTERSUCHEN DIE ANDEREN, WAS DER GRUND DAFÜR WAR. WENN DABEI HERAUSKOMMT, DASS ES AN EINEM BESTIMMTEN ORT LAG, VON DEM DIE GEFAHR AUSGING, MEIDEN SIE DIESEN IN ZUKUNFT.

Manche Schäferhundrassen, wie zum Beispiel der Australian Shepherd, haben einen so großen Drang danach, eine Herde zu hüten, dass sie das manchmal auch mit der Familie tun, in der sie leben.

Papageien und Seelöwen können lernen, zu einem bestimmten Rhythmus zu tanzen.

EIN PANDABÄR SCHLÄFT IMMER GERADE DA, WO IHN DIE MÜDIGKEIT ÜBERKOMMT – EGAL WO ER IST.

Bei den Seepferdchen kriegen die Männchen die Kinder. Sie brüten die Eier, die sie von dem Weibchen bekommen haben, in einem Beutel aus. Auf diese Weise können die Weibchen mehr Eier produzieren und es gib mehr „Kinder", weil sie sich nicht mit der Geburt beschäftigen müssen.

Füchse haben Tasthaare an den Beinen. Das hilft ihnen, bei Dunkelheit den Weg zu finden.

Meerschweinchen dösen mit offenen Augen, damit sie nicht im Schlaf gefressen werden können.

Rentiere können im Gegensatz zum Menschen und zu anderen Säugetieren UV-Licht sehen. UV-Licht ist die ultraviolette Strahlung des Sonnenlichts.

Tauben sind „schwer erziehbar". Man hat bei Versuchen herausgefunden, dass sie Aufgaben zwar verstehen, aber wenn sie keine Lust darauf haben, diese einfach nicht erledigen.

Buckelwale lassen Delfine manchmal auf ihrem Kopf ein Stück mitreiten. Das machen sie einfach aus Spaß.

Tintenfische sind Einzelgänger. Sie bauen sich ein Häuschen am Meeresgrund und gehen nur zum Jagen „vor die Tür".

Kamele und Dromedare sind eigentlich für den Schnee geschaffen. Man hat bei 3,5 Millionen Jahren alten Ausgrabungen herausgefunden, dass die Vorfahren der heutigen „Wüstenschiffe" aus dem jetzigen Kanada stammen.

Im Winter leben Strauße ganz allein. Erst wenn der Sommer kommt, schließen sich die Tiere zu Gruppen zusammen.

Wale unterhalten sich durch Singen. Wenn ein Wal in der falschen Tonart singt, kann es passieren, dass er seine Familie nicht mehr findet.

Waschbären sind extrem schlau und fingerfertig – sie können Türen und Flaschen öffnen und ganz leicht kopfüber einen Baum herunterklettern.

Die Savannah-Katze ist die größte Hauskatzenart, die es gibt. Sie sieht aus wie ein kleiner Leopard und

VERHÄLT SICH WIE EIN HUND. MAN KANN IHR BEIBRINGEN, AN EINER LEINE ZU LAUFEN UND BÄLLE ZU APPORTIEREN (ZURÜCKZUBRINGEN). SIE KANN BIS ZU 15 000 EURO KOSTEN.

Das größte Nest eines Seeadlers, das man je gefunden hat, war sechs Meter hoch.

Paviane klauen manchmal Hundewelpen und halten sie als Haustiere.

VOR 60 MILLIONEN JAHREN GAB ES EINE SCHLANGE, DIE IN DEN TROPEN GELEBT HAT. SIE WAR SAGE UND SCHREIBE 14 METER LANG UND ÜBER EINE TONNE SCHWER.

Ein Blauwalbaby nimmt in seinem ersten Lebensjahr in jeder Stunde über drei Kilo zu.

Die Schmetterlinge, die man im Bauch hat, wenn man verliebt ist, sind nichts anderes als das Stresshormon (ein Botenstoff im Körper) Adrenalin.

ELEFANTEN KÖNNEN SINGEN. SIE NUTZEN DEN GESANG, UM IHRE HERDE ZU FINDEN. ABER DIE TÖNE SIND SO TIEF, DASS WIR MENSCHEN SIE NICHT HÖREN KÖNNEN.

Elefantenkühe sind 22 Monate lang schwanger. Das ist die längste Schwangerschaft aller Säugetiere.

Die größte Spinne der Welt lebt in Australien – die Huntsman-Spinne. Sie kann 30 cm groß werden.

Hasen können vor lauter Angst sterben. Wenn sie von einem Raubtier in die Enge getrieben werden, regen sie sich so auf, dass der Schock tödlich ist.

DER WELTRAUM

Die Venus ist beinahe genauso groß wie die Erde.

Obwohl man in den meisten Büchern und Filmen immer einen Vollmond zu sehen bekommt, sobald es um das Thema Halloween geht, ist es eher selten der Fall, dass sich der Mond genau am 31. Oktober in seiner vollen Pracht zeigt. Das nächste Mal können wir das Ereignis 2020 erleben.

DER PLANET NEPTUN BENÖTIGT UNGEFÄHR 16 STUNDEN, UM SICH EINMAL UM SICH SELBST ZU DREHEN.

Es gibt kein Wasser auf dem Planeten Venus.

Der Saturn ist der zweitgrößte Planet in unserem Sonnensystem.

DER NEPTUN IST UNGEFÄHR 57-MAL GRÖSSER ALS DIE ERDE. ER IST DER AM WEITESTEN VON DER SONNE ENTFERNTE PLANET.

Der Planet Saturn besteht aus einem kleinen steinernen Kern, der von Gas umgeben ist. Deshalb ist er, obwohl er so riesig ist, sehr leicht.

Die Venus hat die höchste Temperatur der Planeten unseres Sonnensystems. Auf ihrer Oberfläche herrschen ungefähr 500 Grad.

DIE RAUMFAHRTBEHÖRDE NASA HATTE SCHON EINE REDE FÜR DEN FALL VORBEREITET, DASS DIE MONDLANDUNG 1969 NICHT KLAPPEN SOLLTE.

Der Mars ist auch als der „rote Planet" bekannt. Das liegt an seiner staubigen Oberfläche und der dünnen Atmosphäre. Dieser Staub besteht nämlich aus Eisenoxid – das man auch als Rost bezeichnet.

Das erste Lied, das von einem Spaceshuttle (einer Raumfähre) aus auf die Erde gesendet wurde, war „Happy Birthday".

DER MARS IST EIN ZIEMLICH KALTER PLANET – DENN OBWOHL ER ES IM SOMMER AUF GANZE 25 GRAD BRINGT, HERRSCHEN IM WINTER BIS ZU MINUS 120 GRAD.

Jedes Jahr rieseln ungefähr 2,7 Millionen Kilogramm Weltallstaub auf die Erde.

> Je heller ein Stern leuchtet, desto kürzer lebt er.

WEGEN SEINER OBERFLÄCHE, DIE MIT FURCHEN UND EBENEN ÜBERZOGEN IST, GEHT MAN DAVON AUS, DASS ES AUF DEM MARS EINMAL WASSER GEGEBEN HAT.

Auf dem Mars steht der größte Vulkan unseres Sonnensystems. Er heißt Olympus Mons (das ist Latein und bedeutet „der Berg Olymp"). Sein Gipfel thront 22 Kilometer über dem Boden und er ist 600 Kilometer breit.

Der Jupiter ist der größte aller Planeten in unserem Sonnensystem. Ihn umkreisen viele Monde. Einige davon sind größer als Pluto.

Seit November 2000 wird die Raumstation ISS dauerhaft von Astronauten bewohnt.

Auf der Oberfläche der Venus gibt es unzählige Vulkane.

Der Kern des Jupiters ist kaum größer als die Erde, aber fast zwanzigmal so schwer. Ihn umgibt ein Meer von flüssigem Wasserstoff, das an manchen Stellen bis zu 1000 Meter tief ist.

Pluto wurde lange als neunter Planet in unserem Sonnensystem bezeichnet. Inzwischen nennt man ihn einen Zwergplaneten und er zählt damit nicht mehr als „richtiger" Planet.

Die Temperaturen auf dem Planeten Pluto schwanken zwischen minus 230 und minus 200 Grad.

Um den Planeten Venus herum gibt es Wolken mit giftigem Regen.

DIE ABDRÜCKE DER ASTRONAUTEN AUF DEM MOND WERDEN DORT FÜR IMMER BLEIBEN. ES GIBT KEINE WINDE ODER ANDERE LEBEWESEN, DIE SIE VERWISCHEN KÖNNTEN.

Wenn man ihn ins Wasser legen könnte, würde der Planet Saturn oben schwimmen.

Die Erde ist der einzige Planet in unserem Sonnensystem, der nicht nach einer griechischen oder römischen Gottheit benannt ist.

DER ERSTE SOFTDRINK, DER JEMALS IM ALL GETRUNKEN WURDE, WAR EINE COCA-COLA. DIE ASTRONAUTEN DES SPACESHUTTLES *CHALLENGER* NAHMEN DAS GETRÄNK 1985 MIT IN DEN WELTRAUM.

Auf dem Neptun herrschen die meisten und kältesten Wirbelstürme, verglichen mit den anderen Planeten unseres Sonnensystems. Er gilt deshalb auch als der windigste Planet von allen.

Das erste Lebewesen im All war ein Hund. Die Hündin Laika wurde 1957 mit einem russischen Raumschiff ins Weltall geschossen – wo sie auch starb.

MAN SCHÄTZT DAS ALTER DES UNIVERSUMS AUF 13,7 MILLIARDEN JAHRE. DAS KONNTE MAN DURCH MESSUNGEN MIT SPEZIELLEN TELESKOPEN BERECHNEN.

Die Venus hat eine ähnliche Anziehungskraft wie unsere Erde.

NASA ist eine Abkürzung und bedeutet „National Aeronautics and Space Administration". Das heißt auf Deutsch „Bundesbehörde für Raumfahrt und Flugwissenschaft".

IM WELTRAUM IST MAN EIN KLEINES STÜCK GRÖSSER ALS AUF DER ERDE. DAS LIEGT DARAN, DASS ES DORT OBEN KEINE SCHWERKRAFT GIBT, DIE AM KÖRPER ZIEHT.

Ein Vogel würde im Weltraum verhungern, selbst wenn er zu fressen hätte. Das liegt daran, dass Vögel nur mithilfe der Schwerkraft schlucken können.

Das „Markenzeichen" von Jupiter ist ein roter Punkt. Dabei handelt es sich um den größten Wirbelsturm in unserem Sonnensystem. Er wütet schon seit mehr als 300 Jahren auf dem Planeten.

ALS 2015 DIE ERSTE ITALIENISCHE ASTRONAUTIN INS WELTALL GESCHOSSEN WURDE, SCHICKTE MAN IHR EINE ECHTE ESPRESSOMASCHINE HINTERHER.

Der Mars käme als erster Planet infrage, auf dem Menschen länger bleiben könnten. Das liegt an seinen relativ „freundlichen" Bedingungen und daran, dass er nicht ganz so weit von der Erde entfernt ist wie andere Planeten.

Man könnte unsere Erde an die 1300 Mal in den Jupiter hineinpacken und es wäre immer noch Platz.

AUF DEM PLANETEN VENUS REGNET ES METALL.

Der Pluto würde aufgestellt in Russland passen. Würde man ihn „ausklappen", wäre er allerdings ein bisschen größer.

Um den Saturn herum schweben Ringe aus unzähligen Eisstücken. Sie können riesig wie ganze Gebäude, aber auch winzig wie Staubkörnchen sein.

ES GELANG SCHON MEHREREN RUSSISCHEN KOSMONAUTEN, ALKOHOL MIT INS ALL ZU SCHMUGGELN.

Es gibt mehr Sterne im Weltall als Sandkörner an sämtlichen Stränden der Erde.

1977 wurde ein Signal aus dem Weltall aufgefangen, von dem die Wissenschaftler bis heute nicht wissen, wo es herkam.

DIE RAUMFAHRTBEHÖRDE NASA WILL IN DEN NÄCHSTEN JAHREN PFLANZEN AUF DEM MOND ANBAUEN.

Im Weltall kann man nicht rülpsen. Das liegt daran, dass auf der Erde durch die Anziehungskraft der Speisebrei im Magen nach unten gezogen wird und die Luft (der Rülpser) nach oben steigt. Im All, ohne Anziehungskraft, mischt sich die Luft mit dem Essen und kann nicht ausgestoßen werden.

Wenn der Mond nicht wäre, wären unsere Tage nur sechs Stunden lang. Seine Anziehungskraft verlangsamt die Erde. Sie würde sich viel schneller drehen und die Tage wären kürzer.

AUF CHARON, EINEM MOND VON PLUTO, GIBT ES EINE DUNKLE GEGEND NAMENS MORDOR, WIE IN *HERR DER RINGE*.

Die Erde bewegt sich mit einer Geschwindigkeit von fast 30 Kilometern pro Sekunde um die Sonne. Das ist eine Geschwindigkeit von 107 000 Stundenkilometern.

> Der Jupiter wird von giftigen Gaswolken umgeben, die sich wie Bänder um ihn ziehen.

DIE ASTRONAUTEN DES RAUMFAHRTPROGRAMMS „APOLLO" TRAINIERTEN AUF DER ERDE IN ISLAND, WEIL ES DORT BEINAHE SO AUSSIEHT WIE AUF DEM MOND.

Alle Astronauten, die eine Zeit auf der Raumstation ISS verbringen wollen, müssen Russisch lernen. Das liegt daran, dass sie von einer russischen Trägerrakete zur Station gebracht werden. In dieser Rakete werden Kommandos auf Russisch durchgegeben.

Auf der Oberfläche des Saturns treiben Stürme mit bis zu 1350 Stundenkilometern ihr Unwesen.

Bis die Anzüge für Astronauten fertig sind, braucht man 5000 Arbeitsstunden. Ein Anzug für Arbeiten außen an der Raumstation kostet an die zwölf Millionen Dollar. Er bewahrt den Astronauten vor den unwirtlichen Temperaturen im All, schützt ihn vor Einschlägen kleiner Steine und ermöglicht ihm das Atmen dort, wo es keine Luft gibt.

Der Uranus wurde bei seiner Entdeckung „George" getauft. So hieß nämlich damals der englische König.

Inzwischen schwebt so viel Weltraumschrott um die Erde, dass Flüge ins All gefährlich werden können. Man nennt dies das „Kessler-Syndrom".

Es gibt zwei Satelliten im All, die dafür zuständig sind, gegenseitig den Abstand zueinander zu messen. Dadurch kann man die Erdanziehungskraft und ihre Veränderungen messen. Weil sich die beiden Satelliten deshalb immer um die Erde jagen, nannte man sie Tom und Jerry – wie den Kater und die Maus in der Zeichentrickserie.

Die Atmosphäre auf dem Jupiter besteht aus einer Art dickem, dunklem Nebel. Je weiter man an die Oberfläche herankommt, umso zäher wird sie. Am Ende ist sie eher wie eine Flüssigkeit als wie eine Atmosphäre, wie wir sie kennen.

Der Planet Neptun wurde nicht durch ein Teleskop, sondern durch Berechnungen entdeckt.

Weil der Planet Uranus eine bestimmte Neigung hat, dauert eine Nacht auf ihm ganze 21 Jahre.

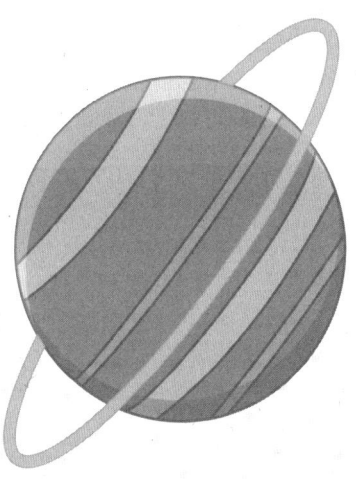

Die Suchmaschine Google wurde nach einer Zahl benannt: Googolplex. Das ist eine Zahl, die 10 hoch 10 hoch 100 ist. Diese unvorstellbare Zahl soll höher sein als die Menge aller Atome in unserem gesamten Universum. Sie steht für die unendliche Anzahl an Fragen und Antworten, die wir über Google entdecken können.

Golfbälle fliegen bis zu viermal weiter als normale Bälle. Das liegt an den Dellen in der Oberfläche der Bälle. Sie machen den Widerstand gegen die Luft kleiner.

COLA FRISST ROST. WENN MAN VERROSTETE STELLEN MIT COLA EINREIBT, IST ER NACH EIN PAAR STUNDEN VERSCHWUNDEN.

Unser Spiegelbild sieht anders aus, als wir in Wirklichkeit aussehen. Es ist zwar kein großer Unterschied, aber man bekommt trotzdem kein genaues Abbild, so wie einen andere sehen. Das liegt daran, dass der Spiegel sozusagen unser Gehirn täuscht. Er wirft Licht zurück und somit unser Bild. Damit kommt aber das Gehirn nicht richtig zurecht, weil das Licht dadurch einen „Knick" bekommen hat.

Der erste Passagierflug der Welt dauerte gerade einmal 23 Minuten.

DIE ZEIT WIRD IMMER SCHNELLER. ZUMINDEST FÜHLT ES SICH FÜR UNS SO AN. WIE WIR DIE ZEIT WAHRNEHMEN, HÄNGT VON UNSEREM ALTER AB. GENERELL IST ES SO, DASS MAN, JE ÄLTER MAN IST, UMSO MEHR DAS GEFÜHL BEKOMMT, DIE ZEIT WÜRDE IMMER SCHNELLER VERGEHEN. DAS HAT MIT DER ART DER SPEICHERUNG UNSERES GEHIRNS ZU TUN – ES SPEICHERT ZEITEN, IN DENEN MAN VIEL ERLEBT HAT, ANDERS AB ALS ZEITEN, DIE MAN IM GLEICHEN TROTT VERBRACHT HAT.

Es gibt Thermometer, die mit Alkohol gefüllt sind. Sie sind weniger giftig als diejenigen mit Quecksilber. Inzwischen sind jedoch beide Arten fast ganz aus der Mode gekommen, weil die meisten Thermometer heute elektronisch funktionieren.

Eines der schwierigsten Bauunternehmen der Welt war der Panamakanal. Der Panamakanal ist eine 82 Kilometer lange Wasserstraße, die gebaut wurde, damit der Atlantik mit dem Pazifik verbunden werden konnte. Denn hier findet ein großer Handel mithilfe von Schiffen statt. Man geht davon aus, dass während der Bauphase mehr als 20 000 Arbeiter ihr Leben verloren, weil sie von Erdrutschen mitgerissen wurden oder am Gelbfieber starben.

Der Vollmond hat keine Auswirkung auf unseren Schlaf. Obwohl viele denken, dass sie bei Vollmond schlechter schlafen, ist es wissenschaftlich nicht erwiesen. Es ist mehr die Erinnerung, die uns einen Streich spielt – haben wir einmal in einer Vollmondnacht schlecht geschlafen, erinnern wir uns besser daran, als wenn kein Vollmond gewesen wäre. Unser Gehirn übermittelt dann die Botschaft: Ich habe wegen Vollmond schlecht geschlafen.

Wenn man ein Loch bis zum Mittelpunkt der Erde graben und einen Gegenstand hineinwerfen würde, würde es ungefähr 45 Minuten dauern, bis er aufschlägt.

Das Überschallflugzeug Concorde brauchte gerade mal 3,5 Stunden von New York nach Paris. Normale Passagierflugzeuge fliegen die gleiche Strecke in acht Stunden.

UM DAS WETTER VORHERZUSAGEN, SIND SO SCHWIERIGE BERECHNUNGEN NÖTIG, DASS MAN SIE VON HOCHLEISTUNGSCOMPUTERN MACHEN LÄSST.

1971 wurde die erste E-Mail der Welt versendet.

Das einzige Metall, das bei normaler Raumtemperatur flüssig ist, ist Quecksilber.

GLAS WIRD IN BESTIMMTEN FARBEN ENTSORGT, WEIL ES AUCH NACH DEM RECYCLING DIE FARBE BEHÄLT, DIE ES ZUVOR HATTE.

Die erste Mikrowelle war fast so groß wie ein Kühlschrank. Damals war es noch sehr schwer, die ganze Technik in einen kleinen Apparat zu bauen.

Man hat herausgefunden, dass die Menschen schon vor Tausenden Jahren Mülltrennung betrieben haben. Sie haben verschiedene Materialien voneinander getrennt und dann wiederverwendet.

IM ALTEN ROM WURDEN DIE CHIRURGEN DARAUF TRAINIERT, DIE SCHMERZENSSCHREIE DER PATIENTEN AUSZUBLENDEN. DAMALS GAB ES NOCH KEINE BETÄUBUNGSMITTEL UND DIE MENSCHEN MUSSTEN ALLE BEHANDLUNGEN OHNE NARKOSE DURCHSTEHEN.

> Es gibt keine Geräusche im Weltall, weil es keine Luft gibt, über die Schallwellen transportiert werden könnten.

„Geocaching" ist die moderne Art der Schnitzeljagd. Die Verstecke werden im Internet mithilfe von GPS-Daten bekannt gegeben. Sie liegen oft an den verrücktesten Orten der Welt und sind somit nur für wenige erreichbar. Aber der mit Abstand verrückteste Ort ist die Raumstation ISS. Bis hierhin haben es bis jetzt gerade mal vier Astronauten geschafft.

DER ASTRONAUT NEIL ARMSTRONG HAT SEINE RAUMSCHUHE AUF DEM MOND ZURÜCKGELASSEN.

1971 gab es den ersten Computervirus der Welt – man nannte ihn „Creeper" (die Schlingpflanze). Kurz darauf wurde das erste Antivirenprogramm erfunden – es hieß „Reaper" (die Mähmaschine).

Die älteste Webcam der Welt funktioniert noch heute. Es ist die Nebelkamera von San Francisco in den USA. Sie sendet die Wetterdaten seit 1994.

OBJEKTE, DIE EINE MASSE HABEN, WERDEN VONEINANDER ANGEZOGEN. DAS NENNT MAN GRAVITATION.

Mithilfe der Gravitationskraft (Anziehung der Massen) werden die Planeten in unserem Sonnensystem in ihren Bahnen gehalten.

Antoni van Leeuwenhoek war 1674 der erste Mensch, dem es gelang, eine lebende Zelle unter einem Mikroskop darzustellen.

DIE KLEINSTE MAßEINHEIT DER WELT IST DIE PLANCK-LÄNGE. ETWAS KLEINERES KÖNNTEN WIR UNS WEDER VORSTELLEN NOCH BERECHNEN.

Wir nutzen oft Computer, ohne es zu wissen. Denn auch in Spielzeug, Mikrowellen oder zum Beispiel MP3-Playern verbirgt sich ein kleiner Computer.

Es gibt Firmen, die Spiegel herstellen, die einen dünner wirken lassen. Das Verblüffende ist, dass diese Spiegel sehr gut verkauft werden, obwohl die Käufer wissen, dass geschummelt wird.

DIE ERSTEN MÜNZEN WURDEN SCHON VOR 2500 JAHREN HERGESTELLT.

Eine Murmel springt höher als ein Gummiball. Das liegt daran, dass die Glaskugel härter ist und deshalb nicht so viel Energie beim Aufprall verliert wie ein weicher Ball.

Die NASA (die amerikanische Raumfahrtbehörde) nutzt 3-D-Drucker im All. Das sind Drucker, die kein Papier, sondern Gegenstände ausdrucken. Auf diese Weise können zum Beispiel Werkzeuge einfach ausgedruckt werden und müssen nicht mehr „nach oben" transportiert werden.

DER MENSCH MIT DER TIEFSTEN STIMME DER WELT KANN SO TIEFE TÖNE MACHEN, DASS MAN SIE NICHT HÖREN KANN.

Wenn man sich beim Auf- oder Zusperren des Autos den Schlüssel an den Kopf hält, wird das Signal aus dem Schlüssel verstärkt. Der Kopf funktioniert dabei wie eine Antenne.

Reife Bananen leuchten blau, wenn man sie mit UV-Licht bestrahlt.

LAUT EINER STUDIE KÖNNEN SOZIALE NETZWERKE IM INTERNET GENAUSO SÜCHTIG MACHEN WIE ALKOHOL ODER DROGEN.

Durch harte Schläge oder große Hitze kann man einen Magneten unmagnetisch machen.

1998 verkaufte Sony eine Serie von Videokameras, die durch die Kleidung von Menschen „sehen" und filmen konnten. Es handelte sich um eine Art Nachtsichtgerät, das aus Versehen als normale Kamera verkauft wurde.

DAS ERSTE PAPIERGELD WURDE VOR 1000 JAHREN IN CHINA VERWENDET.

Erst in den 1980er-Jahren gab es für den Fernseher auch eine Fernbedienung. Davor musste man jedes Mal, wenn man ihn lauter stellen oder den Sender ändern wollte, aufstehen und das Gerät direkt bedienen.

Wenn wir einem Computer Befehle geben, werden sie in Zahlen umgewandelt. Die Zahlen werden aneinandergereiht und ergeben so die Sprache, die der Computer versteht.

EIN JAHR HAT 31.536.000 SEKUNDEN.

Töne, die wir hören, entstehen durch Schwingungen. Diese Schwingungen gibt es in der Luft und im Wasser. Sie wandern durch die Luft oder das Wasser und erreichen dann erst unsere Ohren.

Geräusche können in einem Vakuum (in einem Raum ohne Luft) nicht übertragen werden. Sie sterben sozusagen ab, weil es nichts gibt, was die Schwingungen weitertragen könnte.

VOM 14. BIS ZUM 19. JAHRHUNDERT WURDEN GOLFBÄLLE ERST AUS HOLZ UND DANN AUS FEDERN HERGESTELLT.

Als in den 1940er-Jahren die ersten Computer der Welt benutzt wurden, brauchte man dafür ein ganzes Zimmer und eine ziemlich große Menge Strom. Man war noch nicht so weit, dass man die unglaubliche Leistung der Geräte in kleinste Gehäuse „verpacken" konnte, so wie das heute der Fall ist.

> Der längste Flug eines Papierfliegers war über 60 Meter weit.

DIE FRÜHEREN BILDSCHIRME WAREN AUF DAUER UNGESUND. SIE WURDEN MIT RÖHREN BETRIEBEN, DIE EINE GEWISSE STRAHLUNG HATTEN. DESHALB SOLLTE MAN DAMALS AUCH NIE ALLZU LANGE ODER ZU NAHE VOR DEN GERÄTEN SITZEN.

Die ersten Videospiele der Welt funktionierten nur, indem man eine Münze in den Spielautomaten warf. Das war 1970 – damals gab es noch keine Spiele für zu Hause.

Die ersten Fernseher wurden erst in den Zwanzigerjahren des vergangenen Jahrhunderts verkauft.

WENN MAN MIT 80 STUNDENKILOMETERN AUTO FÄHRT, VERBRAUCHT MAN DIE HÄLFTE DES BENZINS NUR DAFÜR, DEN WIDERSTAND DER LUFT ZU ÜBERWINDEN.

Das „World Wide Web" ist nicht dasselbe wie das Internet. Es ist ein Zusammenschluss von verschiedenen Webseiten, die man über einen Browser und das Internet besuchen kann.

Das Internet ist ein riesiges Netzwerk, das Computer auf der ganzen Welt durch Kabel oder kabellose Verbindungen zusammenbringt.

WENN MAN SELLERIE ISST, VERLIERT MAN KALORIEN (ENERGIE). ER HAT SELBST SO WENIGE, DASS MAN BEIM KAUEN MEHR VERLIERT, ALS MAN DURCHS ESSEN DAZUGEWINNT.

Wenn man mit Lichtgeschwindigkeit reisen könnte, würde man in der Zeit, in der man unterwegs ist, nicht älter werden.

Mit 495 Millionen verkauften Spielen ist *Tetris* das meistverkaufte Computerspiel aller Zeiten.

WISSENSCHAFTLER AN EINER DEUTSCHEN UNIVERSITÄT BENUTZEN DAS COMPUTERSPIEL *GTA* FÜR IHRE FORSCHUNGEN ÜBER SELBSTSTÄNDIG FAHRENDE (AUTONOME) AUTOS. DAS SPIEL IST SO ECHT GEMACHT, DASS MAN DARAUS BERECHNUNGEN FÜR DIE ECHTEN AUTOMATISCHEN AUTOS ERSTELLEN KANN.

Mitte der 1990er-Jahre erfand der IT-Entwickler Ethan Zuckerman die Pop-up-Werbungen für Internetseiten. Jahre später hat er sich für diese „Sünde" entschuldigt. Mittlerweile betrachtet er die nervigen Kästchen, die auf jeder Internetseite aufgehen, selbst als störend und unnütz.

Geräusche verbreiten sich im Wasser 4,5-mal schneller als an der Luft. Das liegt daran, dass die Schallwellen, die ein Geräusch macht, im Wasser schneller geleitet werden können. Wir hören also unter Wasser besser als an der Oberfläche.

> EIN AIRBAG BRAUCHT NUR ETWA 30 MILLISEKUNDEN, BIS ER VOLLSTÄNDIG GEFÜLLT IST. AIRBAGS SIND LUFTKISSEN IM AUTO, DIE SICH BEI EINEM UNFALL ZUM SCHUTZ DER INSASSEN AUTOMATISCH AUFBLASEN.

Wissenschaftler haben herausgefunden, dass an Dienstagen immer am meisten gearbeitet wird.

Der Sicherheitsgurt im Auto wurde 1959 von dem schwedischen Ingenieur Nils Ivar Bohlin für Volvo erfunden. 1985 wurde er dann als eine der acht Erfindungen geehrt, die den Menschen in den letzten 100 Jahren den größten Nutzen gebracht haben. Seitdem es Pflicht ist, den Gurt beim Autofahren anzulegen, gibt es 60 Prozent weniger Verletzte und sogar 70 Prozent weniger Tote bei Unfällen.

WENN MAN BEI DER SPÜLMASCHINE NUR DAS KURZ-PROGRAMM WÄHLT, WIRD DAS WASSER NICHT BESONDERS HEIß, SODASS SICH NACH DEM WASCHGANG NOCH GEFÄHRLICHE KRANKHEITSERREGER AUF DEM GESCHIRR BEFINDEN KÖNNEN.

1945 sank ein U-Boot, weil der Kapitän, nachdem er auf der Toilette war, das falsche Ventil betätigte.

In schimmernden Nagellacken oder Lippenstiften befinden sich Fischschuppen. Der Stoff Guanin bringt die Schuppen der Fische zum Schimmern, und das machen sich die Hersteller für ihre Produkte zunutze.

In einem Glas Wasser sind mehr Atome, als wenn man alle Meere der Welt mit Wassergläsern füllen würde.

Ein rohes Ei kann man mit der bloßen Hand kaum zerdrücken. Das liegt an der Form – denn die Rundung verteilt den Druck auf die Schale gleichmäßig.

Nitroglyzerin wird zur Herstellung von Sprengstoff benötigt. Man setzt es aber auch als Medizin bei Herzinfarkten ein.

Das Kleinste, was jemals fotografiert wurde, ist der Schatten eines Atoms. Das gelang einigen Wissenschaftlern mithilfe eines superauflösenden (also eines extrem guten) Mikroskops.

Der Schlag mit einer Peitsche geht so schnell, dass die Schallmauer durchbrochen wird. Deshalb hören wir den knallenden Ton erst nachdem die Peitsche schon geknallt hat. Sie war schneller als der Ton, den sie macht.

Zitterrochen können Strom produzieren. Die Ladung, die sie dabei erreichen, ist fast genauso hoch wie die aus unseren Steckdosen.

DER ERSTE GAMEBOY (EIN GERÄT FÜR COMPUTERSPIELE) BRAUCHTE NUR ZWEI KLEINE BATTERIEN, UM GANZE 30 STUNDEN ZU FUNKTIONIEREN.

In den 1920er-Jahren benutzte man Röntgengeräte (sogenannte Pedoskope) in Schuhgeschäften, um zu überprüfen, ob die Schuhe passten. Erst später wurde bekannt, dass Röntgenstrahlen schädlich für den Körper sind. In den 1960er-Jahren waren die Geräte daher nahezu abgeschafft.

2013 gelang es chinesischen Wissenschaftlern, einen menschlichen Zahn aus den Stammzellen wachsen zu lassen, die sich im Urin befinden.

ALS DIE KAMERA GERADE ERFUNDEN WURDE, DAUERTE ES BIS ZU ACHT STUNDEN, BIS DAS BILD BELICHTET WAR. SOLANGE MUSSTE MAN STILLHALTEN.

Japanische Wissenschaftler haben einen Rauchmelder für Gehörlose erfunden. Wenn es brennt, gibt er kein Geräusch von sich, sondern sprüht einen Nebel aus Wasabi. Das ist ein japanischer Meerrettich – wenn man ihn in die Nase bekommt, wacht man sogar aus dem tiefsten Schlaf auf.

Wissenschaftler haben untersucht, wie Katzen fallen. Sie haben eine bestimmte Technik, sich im Fallen zu drehen, sodass sie fast immer auf den Pfoten landen. Das war wichtig für die Raumfahrt – die Astronauten lernten, sich wie Katzen zu drehen, wenn sie in der Schwerelosigkeit sind. Das macht es ihnen leichter, nicht aus Versehen auf dem Kopf zu stehen.

HEISSES WASSER KLINGT ANDERS ALS KALTES. DAS LIEGT DARAN, DASS SICH WASSER DURCH DIE TEMPERATUR VERÄNDERT. KALTES WASSER IST DICKER ALS WARMES – DESHALB MACHT ES BEIM AUFKOMMEN EIN ETWAS HÖHERES GERÄUSCH.

Die größte Turbine (eine Kraftmaschine) der Welt ist 30 Meter lang und 444 Tonnen schwer. Sie wurde von Siemens gebaut. Eine Schaufel der Turbine bringt so viel Leistung wie zehn Porsche und alle Schaufeln zusammen schaffen die gleiche Leistung wie die Triebwerke von 13 Jumbojets.

Von einem Bildschirm liest man fast zehn Prozent langsamer ab als von Papier. Man geht davon aus, dass es wegen des Lichts, das vom Bildschirm ausgestrahlt wird, anstrengender für die Augen ist.

Manche Lebensmittel werden, um länger haltbar gemacht zu werden, radioaktiver Strahlung ausgesetzt. Zu viel radioaktive Strahlung ist gefährlich – sie kann die Zellen in unserem Körper zerstören.

Das größte Riesenrad der Welt steht in London. Das „London Eye" ist ganze 135 Meter hoch.

2018 HAT SICH DIE HALBE BEVÖLKERUNG DER WELT DIE FUßBALLWELTMEISTERSCHAFT IN RUSSLAND ANGESEHEN. DAS WAREN UNGEFÄHR 3,5 MILLIARDEN MENSCHEN.

In den USA und in Russland werden für das Militär Delfine ausgebildet und eingesetzt. Sie helfen dabei, Minen aufzuspüren und Menschen vor dem Ertrinken zu retten.

Staub, der in Afrika weggeweht wird, kann es bei den richtigen Windverhältnissen bis nach Amerika schaffen.

IN TIBET BEGRÜSST MAN SICH, INDEM MAN SICH DIE ZUNGE ZEIGT.

Die meiste Energie auf der ganzen Welt wird im Moment von China verbraucht. Das liegt daran, dass das Land sehr groß ist und dort extrem viele Menschen leben.

Die ersten Geschichten über Nessie, das Ungeheuer von Loch Ness, sind schon über 1500 Jahre alt. Bis heute konnte nicht bewiesen werden, dass eine riesige Echse in dem schottischen See lebt. Die Geschichten darüber halten sich aber immer noch.

IN JAPAN WERDEN AM VALENTINSTAG DIE JUNGS VON DEN MÄDCHEN BESCHENKT. EINEN MONAT SPÄTER IST ES DANN UMGEKEHRT.

Heute leben allein in China mehr Menschen als früher auf der ganzen Welt.

In New York gibt es mehr französische Restaurants als in Paris.

> DAS ERSTE GESCHNITTENE BROT WURDE 1920 IN AMERIKA HERGESTELLT.

Der Earl of Sandwich (eine Stadt in England), John Montagu, lebte im 18. Jahrhundert und war der Erfinder des belegten Brotes, das wir heute noch als Sandwich bezeichnen.

In Italien wurde 2016 die längste Pizza der Welt gebacken. Sie war 1853,88 Meter lang und man brauchte 100 Pizzabäcker, um das Werk fertigzustellen. Dazu wurden 2000 Kilogramm Mehl, 1600 Kilogramm Tomaten, 2000 Kilogramm Mozzarella und 200 Liter Olivenöl verbraucht.

DIE JAPANISCHE HAUPTSTADT TOKIO HAT MIT ÜBER 38 MILLIONEN EINWOHNERN MEHR BEVÖLKERUNG ALS GANZ KANADA.

Der Gotthardtunnel in der Schweiz ist der längste Tunnel der Welt. Er ist ganze 57 Kilometer lang.

In Frankreich schlafen die Menschen am längsten. Bis zu neun Stunden pro Nacht — das ist Weltrekord.

In China gibt es Schnellzüge mit einer Geschwindigkeit von 350 Stundenkilometern. Der schnellste Zug bringt es sogar auf 400 Stundenkilometer. Er fährt zwischen Peking und Shanghai. Der sogenannte *Fuxing* ist damit der schnellste Zug der Welt.

Kanada hält den Rekord, wenn es darum geht, Käsenudeln zu essen. Es gibt kein anderes Land auf der Welt, in dem so viel davon vertilgt wird wie in Kanada.

In Japan und Schottland wurden in bestimmten Orten Straßenlampen eine Zeit lang mit blauem statt mit weißem Licht verwendet. In dieser Zeit gab es dort nachts weniger Überfälle.

Das Postamt der Insel Vanuatu im Südpazifik liegt unter Wasser. Seit 2003 können Urlauber dort tauchen und eigens dafür gemachte wasserdichte Postkarten in einen Briefkasten unter Wasser stecken. Es gibt spezielle Unterwasser-Postboten, die den Briefkasten regelmäßig leeren und die Post verschicken.

In Mexiko gibt es einen Fluss, der über 150 Kilometer weit unterirdisch fließt.

Manche Menschen in Russland gehen davon aus, dass Eisessen warm hält. Vielleicht kommt diese Annahme aus Gegenden, in denen es im Winter so kalt wird, dass selbst ein Eis warm erscheint.

Man hat in China in den Ruinen eines Hauses 4000 Jahre alte Nudeln gefunden. Archäologen gruben eine Schüssel mit den uralten Nudeln in der Nähe des Gelben Flusses aus und bewiesen damit, dass es die Teigwaren nicht nur in Italien seit Menschengedenken gibt.

Seit 2019 muss man, wenn man an Silvester in Schweden ein Feuerwerk abfeuern möchte, zuerst einen Kurs besucht haben, durch den man den Umgang mit den Knallkörpern gelernt hat.

Es gibt weltweit über eine Milliarde Fahrräder.

Auf Hawaii hat das Alphabet nur zwölf Buchstaben. Damit ist es das kürzeste Alphabet der Welt. Das deutsche Alphabet hat 26 Buchstaben (ohne Umlaute).

Ende des 19. Jahrhunderts wurden in Belgien Katzen als Briefträger ausgebildet. Die Post wurde ihnen an ein Halsband gebunden. Nachdem die Briefe aber fast nie ankamen, hat man die Tiere wieder „entlassen".

An manchen Häusern in Schweden sind Spiegel angebracht, sodass man bequem von der Couch aus auf die Straße sehen und sich darüber unterhalten kann, was draußen alles vor sich geht.

Wenn man bei dem berühmten Tennisturnier in Wimbledon mitspielt, darf man keine Schwüre aussprechen. Dafür werden die Linienrichter sogar extra trainiert – sie lernen Schwüre in allen Sprachen, damit sie eingreifen können, wenn jemand gegen die Regeln verstößt. Es ist ein uralter Aberglaube, der aber immer noch gilt.

1920 wurden in Amerika die ersten Kreditkarten benutzt.

Die älteste Bank der Welt befindet sich in Italien – in Siena. Sie existiert schon seit 1472 und ist heute noch eine der größten Banken in Italien.

ZUM ERNTEDANKFEST IN AMERIKA WERDEN JEDES JAHR ÜBER 45 MILLIONEN TRUTHÄHNE GEGESSEN. DORT IST ES TRADITION, AN DIESEM TAG EINEN TRUTHAHN ZU VERSPEISEN.

In Amerika ist es in manchen Staaten verboten, einen Überfall zu begehen, während man eine schusssichere Weste trägt.

In Japan gibt es Häuser, in die extra ein quietschender Fußboden eingebaut wird, damit man nachts rechtzeitig vor Ninjas (Kriegern) gewarnt wird, die einen Überfall planen.

1,5 MILLIONEN MENSCHEN ARBEITEN WELTWEIT FÜR DIE FAST-FOOD-KETTE MCDONALD'S.

In Amerika gibt es eine Stadt mit Namen Santa Claus. Wegen dieses Namens erhält die Stadt seit über 100 Jahren Wunschzettel und Briefe von Kindern aus aller Welt. Es gibt freiwillige Helfer, die alle Briefe beantworten.

Im amerikanischen Staat Washington fiel im Winter 1971 über 31 Meter hoch Schnee.

IN BERLIN WURDE EIN BUCH NACH 37 JAHREN AUSLEIHE WIEDER ZURÜCK AN DIE BIBLIOTHEK GESCHICKT. DERJENIGE, DER DAS BUCH GELIEHEN HATTE, VERSCHICKTE ES ANONYM (OHNE ANGABE VON NAMEN UND ADRESSE), WAHRSCHEINLICH WEIL ER ANGST HATTE, DIE MAHNGEBÜHR BEZAHLEN ZU MÜSSEN. DIE HÄTTE SICH NÄMLICH NACH ALL DER ZEIT AUF ÜBER 13 000 EURO BELAUFEN.

In Indien ist Drachenfliegen verboten. Drachen gelten dort per Gesetz immer noch als Flugzeug.

In Deutschland gibt es über 100 000 Briefkästen.

> AUSTRALIEN WAR IM 18. JAHRHUNDERT EINE STRAFKOLONIE. DORTHIN WURDEN STRÄFLINGE AUS ENGLAND GEBRACHT.

Der See Deep Lake in der Antarktis enthält so viel Salz, dass er selbst bei minus 20 Grad nicht zufrieren kann.

In Schweden heißt eine Stiefmutter „bonusmamma".

IN AMERIKA GIBT ES EIN DORF, DORSET, IN DEM SO WENIGE MENSCHEN WOHNEN (ES SIND GERADE MAL 20), DASS DER BÜRGERMEISTER ODER DIE BÜRGERMEISTERIN DURCH EIN LOS GEWÄHLT WIRD. DESHALB PASSIERT ES AUCH IMMER WIEDER, DASS KINDER IN DAS AMT GEWÄHLT WERDEN, DENN TEILNEHMEN DARF JEDER. SO HATTE DAS DORF AUCH SCHON MEHRMALS EINEN DREIJÄHRIGEN ALS BÜRGERMEISTER.

Am 10. September 1977 wurde in Frankreich die letzte Hinrichtung durch das Fallbeil durchgeführt.

England hieß früher „Englaland", das bedeutet so viel wie „Land der Angeln", denn die Engländer stammen von den Angelsachsen ab.

DIE MEISTE SCHOKOLADE DER WELT WIRD AM FLUGHAFEN VON BRÜSSEL VERKAUFT. HIER GEHEN JEDES JAHR AN DIE 800 TONNEN SCHOKOLADE ÜBER DEN VERKAUFSTISCH. BRÜSSEL IST AUF DER GANZEN WELT FÜR SEINE SCHOKOLADE BEKANNT.

Im Pazifik hat sich inzwischen so viel Plastikmüll angesammelt, dass sich richtige Inseln aus Müll bilden. Die größte ist 19-mal so groß wie Österreich.

Die Zeitrechnung des äthiopischen Kalenders läuft unserer (nach dem gregorianischen Kalender) um fast acht Jahre hinterher. Das heißt, in Äthiopien lebte man noch in den 1990er-Jahren, als man hier schon die Jahrtausendwende gefeiert hat. Das neue Jahr beginnt dort auch nicht mit dem 1. Januar, sondern mit dem 11. September.

Auf Sardinien gibt es einen Käse, den Casu Marzu, in dem es von Maden nur so wimmelt. Auf der Insel ist er eine Tradition, woanders dagegen verboten, weil er als verdorben gilt. Damit die Maden in den Käse kommen, wird extra ein Loch in die Rinde gebohrt. In das Loch wird Milch gefüllt. Sobald die Milch sauer geworden ist, wirkt sie wie ein Magnet auf Fliegen, die dort ihre Eier ablegen. Sobald die Maden ausgeschlüpft sind, wird der Käse gegessen – mit den Maden!

Im alten Rom machte man Mundspülungen mit Urin. Er wirkt desinfizierend.

Der Eiffelturm in Paris ist so gestrichen, dass er nach oben hin heller wird und dadurch höher wirkt.

AUSTRALIEN SCHIEBT SICH JEDES JAHR UM SIEBEN ZENTIMETER WEITER NACH NORDEN. DAS LIEGT AN DEN ERDPLATTEN, AUF DENEN SICH DER KONTINENT BEFINDET. SIE WANDERN – UND DAS IN DIESEM FALL SEHR SCHNELL.

Das ganze Fürstentum Monaco ist kleiner als der Central Park in New York. Die sogenannte „grüne Lunge New Yorks" ist fast 350 Hektar groß.

Auf den Straßen von 58 Ländern der Welt gibt es den Linksverkehr – das heißt, alle Autos müssen die linke Fahrspur benutzen.

IN TIROL KONNTE MAN 19 MÄNNERN DURCH EINEN TEST IHRES ERBMATERIALS NACHWEISEN, DASS SIE NACHFAHREN DER BERÜHMTEN GLETSCHERMUMIE ÖTZI SIND. ÖTZI WURDE 1991 IN DEN ÖTZTALER ALPEN IN SÜDTIROL GEFUNDEN. MAN SCHÄTZT SEIN ALTER AUF ÜBER 5000 JAHRE.

Seit 2004 gibt es in Potsdam einen Aldi-Markt mit eigener Bootsanlegestelle. Der Ort liegt am Tiefen See und kann ganz bequem mit dem Boot angefahren werden.

In der Schweiz gibt es so viele Seen, dass man nie weiter als ungefähr 20 Kilometer von einem entfernt ist.

In der Schweiz kommt mehr als die Hälfte des Stroms, den die Menschen nutzen, aus erneuerbarer Energie. Das heißt zum Beispiel aus Wasser- oder Windkraftwerken oder Sonnenenergie.

In Schleswig-Holstein gibt es eine Eiche mit eigener Adresse. Der Baum ist über 500 Jahre alt. Nach einem alten Brauch kann man dort nach einem geeignetem Ehepartner oder einer Ehepartnerin suchen. Man schreibt einen Brief, schickt ihn an den Baum und andere können ihn dort lesen. Auf diese Weise haben sich schon über 100 Ehepaare gefunden.

In Deutschland gibt es die meisten Würstchenarten — es sind mehr als 1000 verschiedene.

In Deutschland ist es verboten, dass einem das Benzin auf der Autobahn ausgeht. Es wäre eine Gefährdung für andere, wenn man plötzlich stehen bleiben würde.

In Somalia leben mehr Ziegen als Menschen.

In Nordkorea gibt es ein Gesetz, das die Frisuren vorschreibt. Frauen dürfen zwischen 18 verschiedenen Haarschnitten wählen – für die Männer gibt es nur zehn unterschiedliche Stylings.

IN NORWEGEN SCHENKT EINEM DER STAAT IM DEZEMBER DIE HÄLFTE DER STEUERN, DIE MAN BEZAHLEN MÜSSTE, ALS WEIHNACHTSGELD.

In Bangkok ist so oft Stau, dass viele Babys in Autos auf die Welt kommen, weil es die Mütter nicht mehr rechtzeitig in die Kliniken schaffen.

In Kuba haben weniger als fünf Prozent der Menschen die Möglichkeit, ins Internet zu kommen. Das liegt an der Regierung, die dort herrscht.

IN JAPAN GIBT ES NAHEZU KEINEN MÜLL AUF DEN STRASSEN. DIE MENSCHEN DORT ACHTEN DARAUF, DASS NICHTS AUF DEN BODEN GEWORFEN WIRD.

In Deutschland gibt es einen Ort, der Kotzen heißt. Er liegt in Brandenburg.

In Australien leben 21 der 25 gefährlichsten Schlangen der Welt.

IN ISRAEL SIND JUNGE FRAUEN DAZU VERPFLICHTET, ETWA ZWEI JAHRE LANG ZUM MILITÄR ZU GEHEN – MÄNNER GANZE DREI JAHRE.

Das gefährlichste Land ist El Salvdor in Mittelamerika. Laut den Untersuchungen gibt es hier jedes Jahr ungefähr 6000 Morde.

In Berlin gibt es mehr Brücken als in Venedig.

DAS KLEINSTE LAND DER WELT IST DER VATIKANSTAAT. ER MISST GERADE MAL 44 QUADRATKILOMETER UND BEHERBERGT UNGEFÄHR 800 EINWOHNER.

> In Schottland gibt es über 400 verschiedene Worte für Schnee.

Es stimmt nicht, dass die ganze Sahara aus Sand besteht. Denn nur ungefähr ein Viertel ist damit bedeckt – der Rest besteht aus Kies.

DAS ÄLTESTE HOTEL DER WELT BEFINDET SICH IN JAPAN. ES WURDE 705 JAHRE NACH CHRISTI GEBURT ERÖFFNET UND MAN KANN DORT AUCH HEUTE NOCH URLAUB MACHEN.

Das *Guinnessbuch der Rekorde* wurde von der Guinness-Brauerei in Irland erfunden. Es erschien zum ersten Mal 1955.

In der Antarktis maß man die niedrigste Temperatur, die je auf der Erde gemessen wurde: minus 98,6 Grad. Kuwait schaffte 2016 den Hitzerekord mit 53,9 Grad.

DIE MEISTEN INSELN AUF DER WELT GIBT ES IN SCHWEDEN – ES SIND MEHR ALS 267 000.

Der tiefste Punkt der Erde ist der Marianengraben. Er befindet sich im westlichen Pazifischen Ozean und liegt an seiner tiefsten Stelle 11 000 Meter unter dem Meeresspiegel.

Auf Island gibt es keine Züge.

DIE HAUPTSTADT VON ALBANIEN, TIRANA, IST DIE EINZIGE HAUPTSTADT IN EUROPA, IN DER ES KEINEN MCDONALD'S GIBT.

Auf der weit abgelegenen norwegischen Insel Svalbard darf man nicht sterben. Das ist sogar gesetzlich festgelegt, weil der Boden durch den dauernden Frost zu hart ist, um jemanden zu begraben.

1911 wurde in Paris das berühmte Gemälde *Mona Lisa* aus dem Louvre gestohlen. Bis das Bild wieder da war, kamen mehr Besucher, um den leeren Fleck an der Wand zu sehen, als zuvor wegen des Gemäldes selbst.

Auf Island gibt es Elfenbeauftragte. Sie werden zum Beispiel gebucht, wenn ein Haus gebaut werden soll. In dem Fall sagen sie den Elfen, dass es an diesem Platz bald zu gefährlich für sie wird.

Zwischen Finnland und Nordkorea befindet sich nur ein Land – Russland. Dabei sind die beiden Länder per Luftlinie über 6000 Kilometer weit auseinander.

Im australischen Queensland darf man nur dann einen Hasen als Haustier besitzen, wenn man nachweisen kann, dass man ein Zauberer ist.

In Saudi-Arabien kauft man Kamele aus Australien.

Schottlands Nationaltier ist das Einhorn.

New York liegt südlicher als Rom.

In Korea werden kaum Deos verkauft, weil die meisten Koreaner keinen Schweißgeruch bilden. Ihnen fehlt ein Gen, das für den Geruch verantwortlich ist.

1979 hat es eine halbe Stunde lang in der Sahara geschneit.

Ein Tag an der „frischen Luft" in der indischen Stadt Mumbai ist so ungesund, als würde man zweieinhalb Schachteln Zigaretten rauchen.

Der Louvre (das berühmte Kunstmuseum) in Paris ist so groß und beherbergt so viele Bilder, dass man, wenn man jedes Bild auch nur eine halbe Minute lang ansehen würde, dafür 100 Tage brauchen würde.

Zum Dank dafür, dass Kanada den Niederlanden im Zweiten Weltkrieg aus der Besatzung geholfen hat, schicken die Niederlande jedes Jahr 20 000 Tulpen dorthin.

In Irland ist Katzenstreicheln ein Beruf – man kann damit über 1500 Euro im Monat verdienen.

IN DER CHINESISCHEN HAUPTSTADT PEKING LEBEN UNGEFÄHR EINE MILLION MENSCHEN IN EINEM UNTERIRDISCHEN TUNNELSYSTEM. URSPRÜNGLICH WAREN DIE BUNKER FÜR DEN ATOMSCHUTZ GEDACHT – INZWISCHEN GIBT ES ABER SO VIELE MENSCHEN IN DER STADT, DASS SO VIELE UNTER DIE ERDE AUSWEICHEN MÜSSEN.

In Japan gibt es singende Straßen. Wenn man sie befährt, werden durch verschiedene Rillen im Asphalt Töne an den Reifen erzeugt, die man dann im Inneren des Wagens hören kann. Sie wurden aber nicht nur zum Spaß, sondern auch für eine größere Aufmerksamkeit gebaut, um Unfälle zu vermeiden.

Auf der ganzen Welt gibt es nur zwei Länder, in denen man keine Coca-Cola kaufen kann: Nordkorea und Kuba.

IM BELGISCHEN ORT BRÜGGE GIBT ES EINE DREI KILOMETER LANGE UNTERIRDISCHE LEITUNG, IN DER BIER VON EINER BRAUEREI BIS ZUR ABFÜLLFIRMA GELEITET WIRD.

2012 wurde in Argentinien das größte Osterei der Welt hergestellt. Es war aus 7,5 Tonnen Schokolade gemacht.

In China kann man in einem Krankenhaus auch als Mann eine Geburt erleben. Dafür wird man an ein Gerät angeschlossen, das mit Elektroschocks die schmerzhaften Wehen nachstellen kann.

In Russland ist es Forschern gelungen, Würmer aus der Eiszeit aufzutauen. Sie sind zwischen 30 000 und 40 000 Jahre alt und fingen an, zu kriechen und zu fressen.

Auf den Philippinen kann man bei McDonald's Spaghetti bestellen.

Eine kleine Stadt in Lappland, Rovaniemi, ist der offizielle Wohnort des Weihnachtsmannes. Zumindest für die Finnen. Mehr als 350 000 Besucher kommen hier im Jahr vorbei.

In Südkorea kann man unter der Nummer 113 Spione melden.

In der Schweiz gibt es ein Gesetz, das es den Menschen dort verbietet, nach 22 Uhr die Spülung der Toilette zu bedienen.

In Dresden gibt es ein Haus, bei dem die Dachrinnen so gebaut sind, dass sie Töne machen, wenn das Regenwasser durchfließt.

Bis vor ungefähr 20 Jahren glaubte noch die Hälfte aller Isländer an Elfen.

In Japan passieren so selten Unfälle oder Morde mit einer Waffe, dass es genauso wahrscheinlich ist, dort vom Blitz getroffen wie Opfer einer Schießerei zu werden.

Auf den Bahamas gibt es eine kleine Insel, auf der niemand lebt außer schwimmenden Schweinen. Deshalb heißt sie auch Pig Beach, also „Schweinestrand".

In Spanien musste die bekannte Zahnpasta Colgate einen neuen Namen bekommen, weil Colgate dort so viel wie „häng dich auf" bedeutet.

In der Slowakei werden die Karpfen für das Weihnachtsessen, bevor man sie schlachtet, ein paar Tage in der Badewanne der Familien gehalten.

Wenn man in Sri Lanka einen Elefanten tötet, bekommt man die Todesstrafe. Die Tiere sind dort heilig.

In Finnland werden Rentiere oft mit grellen Farben besprüht. Man hofft, dass die Tiere auf diese Weise schneller von Autofahrern erkannt werden und es dadurch weniger Unfälle gibt, wenn sie die Fahrbahnen überqueren.

> In Amerika wurden Augentropfen erfunden, mit denen man auch nachts sehen kann.

Der Big Ben in London (ein großer Turm mit Uhr) neigt sich immer mehr. Inzwischen kann man es sogar mit dem bloßen Auge sehen. Man hat ausgerechnet, dass es noch ungefähr 4000 Jahre dauert, bis er genauso schief ist wie der Schiefe Turm von Pisa.

IN AUSTRALIEN GIBT ES SO VIELE STRÄNDE, DASS MAN 27 JAHRE LANG JEDEN TAG EINEN NEUEN ENTDECKEN KÖNNTE.

In Amerika hat eine Serviererin 1984 einem Gast dabei geholfen, die Lottozahlen auszusuchen. Als er daraufhin sechs Millionen Dollar mit diesen Zahlen gewann, schenkte er ihr die Hälfte des Geldes.

In Amerika kann man eine Strafe bekommen, wenn man zu langsam fährt.

DER HÖCHSTE PUNKT AUF DER ERDE, AN DEM MAN NOCH EINEN EMPFANG FÜR DAS HANDY HAT, IST DER BERG MOUNT EVEREST. ER IST 8850 METER HOCH UND MAN KANN DORT 3G-MOBILFUNK EMPFANGEN.

Am 27. Juli ist in Amerika der „Geh-mit-deiner-Zimmerpflanze-spazieren-Tag". An diesem Tag gehen die Menschen mit ihren Pflanzen eine Runde um den Block, damit diese ihre Umgebung besser kennenlernen.

In Liechtenstein passieren so wenige Überfälle, dass das ganze Land mit nur 125 Polizisten auskommt.

IN DUBAI GIBT ES EINE PIZZERIA, DIE IHREN KUNDEN EINEN PIZZANOTFALLKNOPF AUSTEILT. ES IST EIN KÜHLSCHRANKMAGNET, DEN MAN DRÜCKEN KANN, UND SCHON KOMMT DIE LIEBLINGSPIZZA INS HAUS.

In Australien gibt es einen pinken See. Er heißt Lake Hillier und liegt auf einer kleinen Insel. Bis heute ist es den Wissenschaftlern noch nicht gelungen, eindeutig festzustellen, warum der See diese Farbe hat. Sie vermuten, dass eine bestimmte Algenart und verschiedene Bakterien der Grund dafür sind.

Der Burj-Khalifa-Turm in der Stadt Dubai ist so hoch, dass man mit seiner Hilfe zwei Sonnenuntergänge an einem Tag sehen kann: einen vom Boden aus und anschließend einen weiteren von der Dachterrasse.

AM SÜDPOL GIBT ES KEINE SPEZIELLE ZEITZONE (ALSO EINE ALLGEMEINGÜLTIGE UHRZEIT), DENN DORT TREFFEN SICH ALLE ZONEN DER WELT.

In Indien gibt es in Neu-Delhi eine Baumambulanz. Wenn ein Baum krank wird, kann man die Ambulanz rufen, die sich dann um ihn kümmert.

Im australischen Queensland darf man sein Autokennzeichen mit Emojis verschönern.

IM SÜDPAZIFIK GIBT EINEN SCHROTTPLATZ FÜR RAUMFAHRZEUGE. POINT NEMO BEHERBERGT DIE ÜBERRESTE VON ÜBER 300 RAUMFAHRZEUGEN.

> In Island gibt es den Glauben, dass man von einer Monsterkatze aufgefressen wird, wenn man zu Weihnachten keine Kleidung geschenkt bekommt.

Die kleinste bewohnte Insel der Welt liegt in Amerika im Staat New York. Sie gehört zu den Thousand Islands und ist gerade mal 300 Quadratmeter groß. Das heißt, es ist genau so viel Platz, dass ein Haus und ein Baum dort stehen. Sie heißt Hub Island.

IN CHINA WERDEN POLIZEIGÄNSE EINGESETZT, WEIL SIE NOCH AUFMERKSAMER SIND ALS HUNDE UND EINEN HÖLLENLÄRM MACHEN KÖNNEN, WENN ES DARAUF ANKOMMT.

In Australien leben doppelt so viele Kängurus wie Menschen.

In Kanada ist es in manchen Regionen üblich, die Autos nicht abzuschließen. So kann jeder, falls ein Bär kommt, schnell in das Auto springen und sich in Sicherheit bringen.

In Kambodscha werden Ratten dazu ausgebildet, Landminen zu erschnüffeln. Sie sind dabei wesentlich besser und schneller als Detektoren (Maschinen zum Suchen von Minen). Für die gleiche Fläche, die eine Ratte in gerade mal einer halben Stunde absucht, brauchen die Maschinen zwei bis drei Tage.

In Amerika gibt es seit 2007 ein Museum für den Big Mac. Es wurde von McDonald's errichtet, weil der Burger in diesem Jahr seinen 40. Geburtstag feierte.

In norwegischen Gefängnissen gehen die Wachen mit den Häftlingen zum Sport und gemeinsam zum Essen. Damit versucht man, einen freundlichen Umgang miteinander zu schaffen. Es fühlt sich für die Häftlinge besser an, wenn sie die Wachen nicht als Feinde betrachten. Dadurch werden auch die Angriffe auf die Aufpasser weniger.

IN AUSTRALIEN LEBEN VOGELARTEN, DIE WALDFEUER VERBREITEN. SIE HEBEN BRENNENDE STÖCKE AUF UND LASSEN SIE DORT FALLEN, WO SICH IHRE BEUTE AUFHÄLT. DIE BEUTETIERE VERLASSEN AUS ANGST VOR DEM FEUER IHR VERSTECK UND DIE VÖGEL KÖNNEN SIE LEICHTER FANGEN.

In vielen Städten der Welt sieht man Reiterstatuen von berühmten Feldherren oder Herrschern. Die Art, wie die Pferde stehen, erklärt, wie der Reiter gestorben ist. Wenn beide Vorderbeine des Pferdes in der Luft sind, ist er in einer Schlacht gefallen. Stehen die Vorderbeine auf dem Boden, ist der Reiter eines natürlichen Todes gestorben. Und wenn sich nur ein Vorderbein auf dem Boden befindet, ist er an den Folgen der Verletzungen aus einer Schlacht gestorben.

In Simbabwe darf man keine unfreundlichen Gesten machen, wenn man im Auto sitzt.

IN CHINA GIB ES EINEN ZOO, IN DEM ALLES ANDERSHERUM ALS NORMALERWEISE FUNKTIONIERT: HIER WERDEN DIE ZOOBESUCHER IN BUSSEN (WIE IN KÄFIGEN) DURCH DEN ZOO GEFAHREN UND DIE TIERE KÖNNEN KOMMEN, UM SICH ANZUSCHAUEN, WER DORT DRINNEN SITZT. DIESER ZOO BEFINDET SICH IN CHONGQING.

Das Land Benin in Afrika ist ein besonderer Ort, denn hier werden die meisten Zwillinge der Welt geboren. Es sind doppelt so viele wie andernorts. Warum das so ist, hat man noch nicht ganz geklärt. Man geht davon aus, dass es sich um eine Veranlagung handelt.

In Tokio gibt es ein Igel-Café. Man bezahlt Eintritt und dann kann man, während man einen Kaffee trinkt, mit Igeln spielen.

ES GIBT EIN GEBIET IM PAZIFISCHEN OZEAN, IN DEM MEHRERE ERDPLATTEN AUFEINANDERTREFFEN. DADURCH SIND DORT DIE MEISTEN VULKANE DER WELT ENTSTANDEN. MAN NENNT ES DEN PAZIFISCHEN FEUERRING.

Die Antarktis ist der einzige Kontinent der Welt, auf dem es keine Spinnen gibt. Dort ist es einfach zu kalt für die Tiere.

In Las Vegas gibt es ein berühmtes Spielcasino, das nach einer Stadt in Italien benannt wurde – das Bellagio. Die Stadt hat aber weniger Einwohner, als sich Zimmer in dem riesigen Casino befinden.

In Madrid steht das größte Kino der Welt – es hat 25 Säle und für mehr als 9000 Menschen Platz.

Weil Australien so ein großes Land ist, gibt es dort Straßen mit Schildern, auf denen Quizfragen gestellt werden, damit man nicht einschläft.

In dem japanischen Dorf Nagoro gibt es mehr lebensgroße Puppen als Menschen. Eine Bewohnerin hat sie angefertigt, nachdem viele das Dorf verlassen hatten, weil es dort keine Arbeit gab. Inzwischen kommen Touristen aus aller Welt, um sich das Dorf der Puppen anzusehen.

JEDER VIERTE KRAN AUF DER GANZEN WELT STEHT IN DUBAI, WEIL DORT SO VIEL GEBAUT WIRD.

In Australien gibt es einen Zaun, der über 5000 Kilometer lang ist. Er heißt Dingozaun und dient dazu, die Schafe vor den Dingos zu schützen. Diese wilden Hunde machen, wie die Wölfe, Jagd auf Beutetiere.

> In Deutschland leben mehr Menschen als in Kanada, Australien, Norwegen und Island zusammen.

ENGLAND BEKOMMT SEIT 1947 JEDES JAHR EINEN RIESIGEN WEIHNACHTSBAUM VON NORWEGEN GESCHENKT. ER WIRD TRADITIONELL AUF DEM TRAFALGAR SQUARE (EIN PLATZ IN LONDON) AUFGESTELLT – ZUM DANK FÜR DIE HILFE IM ZWEITEN WELTKRIEG.

In Japan haben die meisten Straßen keinen Namen. Und wenn man auf eine Straßenkarte schaut, ist sie nicht, wie wir es kennen, nach Norden ausgerichtet, sondern nach dem Auge des Betrachters.

Die größte Demokratie der Welt ist Indien. Dort leben 1,2 Milliarden Menschen in diesem System. Die Demokratie ist eine politische Ordnung, bei der das Volk seine Vertreter wählen kann und auf diese Weise mitentscheiden kann.

BUNT GEMISCHT

Die Macher von *Star Wars* gestalteten das Gesicht von Yoda so, dass es dem von Albert Einstein ähnelt.

Nutella hilft gegen Sonnenbrand. Wenn man sich die süße Paste auf die Haut schmiert, ergibt das einen Sonnenschutz von fast 10.

ALS GEORGE W. BUSH DER PRÄSIDENT VON AMERIKA WAR, DURFTE ES IM WEIßEN HAUS UND IM FLUGZEUG DES PRÄSIDENTEN, DER AIR FORCE ONE, KEINEN BROKKOLI GEBEN.

2008 wollte ein brasilianischer Priester Geld für einen guten Zweck sammeln, indem er einen Weltrekord aufstellt. Er wollte mit Hunderten mit Helium gefüllten Luftballons, an einen Stuhl gebunden, länger als 19 Stunden in der Luft bleiben. Der Versuch missglückte und er wurde später tot im Meer gefunden.

> Das Gesicht des berühmten Bildes *Mona Lisa* hat keine Augenbrauen.

1907 WURDE DIE AUSTRALISCHE SCHWIMMERIN ANNETTE KELLERMAN BEI EINEM WETTKAMPF IN BOSTON VERHAFTET, WEIL SIE EINEN EINTEILIGEN BADEANZUG TRUG. DAS WAR DAMALS NOCH VERBOTEN.

Eine extreme Angst vor Schweinen nennt man „Porcophobie".

Auf eBay kann man Stücke von Meteoriten kaufen. Ob das Gestein echt ist, lässt sich aber bezweifeln.

PAPST FRANZISKUS WAR, LANGE BEVOR ER PAPST WURDE, IN SEINER HEIMAT BUENOS AIRES TÜRSTEHER IN EINER BAR.

Der berühmte Komponist Ludwig van Beethoven war am Ende seiner Karriere völlig taub. Er komponierte die Stücke ohne Gehör.

Der Erfinder der Zuckerwatte war ein Zahnarzt. Er hieß William Morrison und lebte in den USA. 1897 erfand er zusammen mit einem Konditor die Maschine und das Rezept zur Herstellung von Zuckerwatte.

Der liebe Gott ist in der Zeichentrickserie *Die Simpsons* der einzige Charakter mit fünf Fingern – alle anderen haben nur vier.

Ein Doppelgänger heißt auf Englisch „doppelganger".

Der teuerste Keks der Welt hat umgerechnet 21 000 Euro gekostet. Ein griechischer Sammler hat den stolzen Preis bezahlt, denn der Keks hat den Untergang der Titanic „überlebt".

Sprite wurde von der Coca-Cola Company nur erfunden, weil 7up so beliebt bei den Menschen war. 7up gehörte zu der amerikanischen Firma Dr Pepper Snapple Group, einem Konkurrenten von Coca-Cola.

Anfang der 30er-Jahre des vergangenen Jahrhunderts heizte man noch mit Kohle. Deswegen musste man immer wieder die Tapeten in den Wohnungen von dem Kohlestaub befreien und reinigen. Dazu benutzte man „Play-Doh". Es war ursprünglich ein Reinigungsmittel und wurde nur durch Zufall zur beliebtesten Knete überhaupt.

„Geomelophagie" nennt man eine Essstörung, bei der der Betroffene das Gefühl hat, ständig rohe Kartoffeln essen zu müssen.

DAS REZEPT FÜR COCA-COLA WIRD IN EINEM SAFE IN EINER BANK AUFBEWAHRT. BIS HEUTE GIBT ES NUR WENIGE, DIE ES KENNEN.

Im Ersten Weltkrieg sind so viele Männer gestorben, dass nur noch eine von drei Frauen einen Mann fand.

„Mageirocophobie" nennt man die Angst vor dem Kochen.

IM SOMMER, WENN ES HEIß IST, DEHNT SICH DAS EISEN, AUS DEM DER EIFFELTURM GEMACHT IST, SO AUS, DASS ER UM GANZE 15 ZENTIMETER HÖHER WERDEN KANN.

1923 gewann ein toter Reiter ein Pferderennen in New York. Er erlitt während des Rennens einen Herzinfarkt, aber das Pferd galoppierte immer weiter und erreichte auch noch den ersten Platz.

Leopold II. von Österreich war der erste Herrscher, der die Todesstrafe abgeschafft hat. Er setzte das neue Gesetz 1786 für die Toskana um.

DER LÄNGSTE SATZ, DER JE IN EINEM BUCH GESCHRIEBEN WURDE, IST 13 955 WÖRTER LANG. ER STEHT IN DEM BUCH *ERSTE RITEN* VON JONATHAN COE.

Die kürzeste Geschichte aller Zeiten stammt von Ernest Hemingway und besteht nur aus sechs Wörtern.

Das *Guinnessbuch der Rekorde* hat es selbst zu einem Rekord geschafft: Es ist das meistgeklaute Buch in den Bibliotheken.

ES DAUERTE GANZE DREI TAGE, UM EIN KOSTÜM FÜR EINEN ORK AUS DEM FILM *HERR DER RINGE* FERTIGZUSTELLEN.

James F. Fixx machte das Joggen populär. Er hat sein Übergewicht mit dieser Sportart unter Kontrolle gebracht. Nachdem er die ganze Welt von dem Training überzeugt hatte, starb er, als er von einer Joggingrunde nach Hause kam.

Die Fingernägel des Inders Shridhar Chillal sind neun Meter lang und halten damit den Weltrekord. Er hat sie seit 1952 nicht mehr geschnitten!

ANGST VOR MÄUSEN NENNT MAN „SURIPHOBIE".

In Deutschland verbraucht jeder Bürger ungefähr 30 Liter Wasser am Tag nur durch die Spülung in der Toilette.

Der kürzeste Krieg der Welt fand 1896 zwischen Großbritannien und Sansibar statt – er dauerte genau 38 Minuten.

DAS TEUERSTE BUCH DER WELT HEISST *CODEX LEICESTER* UND BEINHALTET SKIZZEN DES KÜNSTLERS LEONARDO DA VINCI. ES WURDE FÜR 30,8 MILLIONEN DOLLAR AN BILL GATES (DEN BEGRÜNDER VON MICROSOFT) VERKAUFT.

Die meisten Cartoon-Figuren (z.B. Micky Maus) tragen Handschuhe, weil es früher einfacher war, sie so zu zeichnen, anstatt bei jeder Bewegung einzelne Finger neu darzustellen. Außerdem wirken sie dadurch menschlicher.

Auf einem Schwamm, mit dem wir unsere Küche reinigen, sind ungefähr 200 000-mal mehr Bakterien als auf dem Sitz einer Toilette.

Der volle Name von Barbie ist Barbara Millicent Roberts. Sie wurde am 9. März 1959 das erste Mal in den Geschäften verkauft.

Ursprünglich haben sich die Menschen zum Gruß die Hand gegeben, um zu zeigen, dass sie keine Waffen tragen.

Obwohl Beethoven wohl eines der größten Genies seiner Zeit war, bezog sich das nur auf die Musik. In Mathe kam er über die Addition nie hinaus.

Jedes Jahr gibt es weltweit ungefähr 16 Millionen Gewitter.

Die Firma Apple wurde ausgerechnet an einem 1. April gegründet – das war im Jahr 1976.

Die Sohlen eines der ersten Nike-Paare hatten ein Muster wie ein Waffeleisen. Der Erfinder Bill Bowerman fand, dass man damit besser laufen konnte. Sie kamen in den 1970er-Jahren auf den Markt.

DER ERFINDER DER CHIPSDOSE DER „PRINGLES", FRED BAUER, HAT SEINE ASCHE IN EINER SOLCHEN DOSE BEERDIGEN LASSEN.

Manche Menschen bekommen Kopfschmerzen, wenn sie ein Eis essen – das nennt man Gehirnfrost.

Auf dem Grund der Ostsee wurden im Jahr 2010 Champagnerflaschen gefunden, die waren fast 200 Jahre alt.

DAS ÄLTESTE SPIELZEUG DER WELT SIND STÖCKE.

Alle Lebewesen ab fünf Kilogramm Körpergewicht brauchen fürs Pipimachen fast genau gleich lang – ungefähr 21 Sekunden.

Die Saiten von Geigen sind aus Tierdärmen, Kunststoff oder Stahl gemacht.

PAPST BENEDIKT IX. WAR ZWISCHEN 1032 UND 1048 DREI MAL PAPST. SEINE ERSTE AMTSZEIT TRAT ER AN, ALS ER ZWISCHEN ELF UND VIERZEHN JAHRE ALT WAR.

Menschen, die jeden Tag ihr Fitnessprogramm in sozialen Netzwerken posten, sind anfälliger für psychische Probleme.

Wen man steht, verbrennt man bis zu 42 Kalorien pro Stunde mehr, als wenn man sitzt.

„PTERONOPHOBIE" IST DIE ANGST VOR FEDERN UND ALLEM, WAS FEDERN HAT.

Bananen sind krumm, weil sie zur Sonne hin wachsen.

„Melanophobie" nennt man die Angst vor der Farbe Schwarz.

ES SIND SCHON MEHR MENSCHEN GESTORBEN, WÄHREND SIE EIN SELFIE GESCHOSSEN HABEN, ALS ANDERE, DIE VON EINEM HAI ANGEGRIFFEN WURDEN.

Tic Tacs haben ihren Namen von dem Geräusch, das sie machen, wenn man den Behälter schüttelt, in dem sie aufbewahrt werden.

Steve Feltham campt schon seit über 25 Jahren am Loch Ness in Schottland, um nach dem Monster Nessie Ausschau zu halten.

1783 STARTETE DER ERSTE HEIẞLUFTBALLON MIT PASSAGIEREN AN BORD. DIESE WAREN EIN HAHN, EIN SCHAF UND EINE ENTE. ALLE KAMEN WOHLBEHALTEN WIEDER AUF DEM BODEN AN.

Es stimmt – Männer shoppen weniger lang als Frauen. Im Schnitt halten sie es gerade mal 25 Minuten aus, bevor ihnen langweilig wird. Frauen schaffen es dagegen ganze zwei Stunden oder länger.

Der Boxer Mike Tyson bot einem Pfleger in einem Zoo 10 000 Dollar, weil er mit einem Gorilla kämpfen wollte. Dieser aber lehnte ab.

LEGO GEHÖRT ZU DEN GRÖẞTEN REIFENHERSTELLERN DER WELT. DAS DÄNISCHE SPIELZEUGUNTERNEHMEN STELLT IM JAHR ZWISCHEN 300 UND 500 MILLIONEN REIFEN HER.

Der erste Wecker der Welt konnte immer nur um vier Uhr morgens klingeln. Erst nach 100 Jahren gelang es, einen Wecker zu bauen, den man auf verschiedene Zeiten einstellen konnte.

Der Schriftsteller Morgan Robertson schrieb 1898 das Buch *Titan. Eine Liebesgeschichte auf hoher See*. Es war die Geschichte vom Kreuzfahrtschiff *Titan*, das mit einem Eisberg zusammenstößt und sinkt. Die *Titanic* sank 14 Jahre später in Wirklichkeit, nachdem sie mit einem Eisberg zusammengestoßen war.

> MIT ZUGEHALTENER NASE KANN MAN EINEN APFEL, EINE ZWIEBEL UND EINE KARTOFFEL NICHT AUSEINANDERHALTEN, WENN MAN SIE ISST..

T-Shirts wurden ursprünglich für Junggesellen gemacht, damit sie keine Knöpfe annähen mussten.

Es gibt eine Goldkarte von McDonald's. In Deutschland ist sie schwarz und wenn man sie bekommt, kann man sein Leben lang umsonst dort essen.

KETCHUP WAR IM 19. JAHRHUNDERT KEINE ROTE TOMATENSOßE, DIE MAN ZU POMMES GEGESSEN HAT, SONDERN EINE TABLETTE AUS PILZEN, BEEREN UND TRAUBEN. SIE WURDE ALS MEDIZIN EINGENOMMEN, BIS MAN HERAUSFAND, DASS SIE NICHTS BEWIRKTE.

Kosmetiktücher wurden ursprünglich als wechselbare Filter für Gasmasken erfunden.

Die Angst vor Donner nennt man „Brontophobie".

IN JAPAN WURDEN HÄUFIG SCHILDKRÖTEN VON DEN WEICHEN AUF ZUGGLEISEN ZERQUETSCHT. WEIL DADURCH DER ZUGVERKEHR IMMER WIEDER BLOCKIERT WURDE, BAUTE DIE JAPANISCHE BAHN TUNNEL FÜR DIE TIERE.

2017 hatte Facebook weltweit über zwei Milliarden aktive Nutzer.

Jedes Jahr sterben mehr Menschen durch herunterfallende Kokosnüsse als durch Angriffe von Haien.

DIE ANGST VOR FREITAG DEM 13. HEIßT „PARASKAVEDEKATRIAPHOBIE".

Früher war Kakao noch etwas Seltenes und Besonderes. Man kaufte ihn in Apotheken als Gesundheitsschokolade oder in Form von Zäpfchen.

Man verbringt ungefähr 38 Tage im Leben mit Zähneputzen.

Das Wort Schule kommt vom griechischen „schole", und das heißt so viel wie Muße, Freizeit.

Alle 2,5 Sekunden wird ein Glas Nutella verkauft. Und ein Viertel (das sind ungefähr 365 Millionen Kilogramm) der weltweiten Haselnussernte geht an den Süßwarenhersteller Ferrero, weil daraus die Nutella gemacht wird.

VW (Volkswagen) verkaufte im Jahr 2017 6,8 Millionen Würstchen. Die Automarke stellt auch die „VW-Currywurst" her.

Wenn eine Hausfrau oder ein Hausmann für all das, was sie oder er für die Familie arbeiten, bezahlt werden würden, bekämen sie etwa 5000 Euro im Monat.

Anfang des 20. Jahrhunderts gab es noch den Beruf des „Aufweckers". Das waren Menschen, die andere zu einer abgemachten Zeit weckten, weil damals noch nicht jeder einen Wecker besaß.

Die Geschichte von Harry Potter wurde von zwölf Verlagen abgelehnt, bis sie dann doch gedruckt wurde.

Austern werden lebend gegessen, sonst sind sie verdorben.

1992 verlor ein Transportschiff 28 000 Badeenten. Sie trieben noch ganze 20 Jahre lang in den Meeren der ganzen Welt herum.

In Japan gibt es seit den 1980er-Jahren Schulen, in denen man lernt, lustig zu sein.

Am 23. März 1994 stürzte ein Flugzeug der Aeroflot in Sibirien ab, weil der Pilot seinen 15-jährigen Sohn die Maschine fliegen ließ. Alle 74 Menschen an Bord starben bei dem Unglück.

„Nyktophobie" nennt man die Angst vor der Nacht.

Im Eigelb ist mehr Eiweiß (Proteine) als im Eiweiß selbst. Das besteht nämlich zu 90 Prozent aus Wasser.

FEUER WIRFT KEINEN SCHATTEN, WEIL ES EIN GAS UND KEIN GEGENSTAND IST.

Acht der zehn größten Statuen der Welt stellen Buddha dar.

Zwischen 1918 und 1920 verbreitete sich die Spanische Grippe auf der Welt. Sie forderte mehr Todesopfer als der Erste Weltkrieg. Man geht davon aus, dass bis zu 100 Millionen Menschen an ihr starben.

WENN MAN IN EINEN LAVAFLUSS FALLEN WÜRDE, WÜRDE MAN NICHT SCHMELZEN. ERST NACH EINIGER ZEIT FINGE DER KÖRPER AN ZU BRENNEN. DAS LIEGT DARAN, DASS DIE LAVA SO ZÄHFLÜSSIG IST.

Jedes Jahr sterben mehrere Millionen Vögel, weil sie gegen die Glasscheiben von Gebäuden fliegen.

Man kann sich anscheinend besser an Dinge erinnern, die man mit der Hand geschrieben hat, als an solche, die man in eine Tastatur getippt hat.

„Clinophobie" ist die Angst davor, ins Bett zu gehen.

Ketchup ist in bestimmten Mengen gesund: Er ist gut für die Augen und kann das Risiko von Krebserkrankungen senken.

Das Verfallsdatum auf Wasserflaschen aus Plastik bezieht sich nicht auf das Wasser, denn das kann nicht schlecht werden. Es zeigt an, ab wann die ungesunden Stoffe im Plastik anfangen, sich aufzulösen. Ab dann ist es nicht mehr gesund, das Wasser zu trinken, weil man die aufgelösten Stoffe mittrinkt.

Für das *LEGO Movie* wurden fast vier Millionen Legosteine gebraucht.

Die Texte der Bibel wurden in insgesamt 3000 verschiedene Sprachen übersetzt.

Die Menschen sind die einzige Art auf der Welt (außer Ameisen und Bienen), die mit sich selbst Krieg führt.

Es gibt mehr Legofiguren, als es Menschen auf der Welt gibt.

Im Mittelalter wurden die Menschen nur ungefähr 40 Jahre alt. Mittlerweile leben sie doppelt so lange und länger.

WISSENSCHAFTLER HABEN HERAUSGEFUNDEN, DASS ES FÜR JEDEN MENSCHEN UNGEFÄHR SECHS PERSONEN AUF DER WELT GIBT, DIE IHM EXTREM ÄHNLICH SEHEN. ES IST ZWAR SEHR UNWAHRSCHEINLICH, DASS MAN SIE AUCH TRIFFT, ABER ES GIBT SIE.

Der Teelöffel heißt so, weil er genau die richtige Größe für die Menge Tee hat, die man für eine Tasse braucht.

Die beiden PlayStation-Spiele *Fifa 2001* und *Gran Turismo 2* hatten eine CD mit Duft. Wenn man sie rubbelte, roch die eine nach Rasen und die andere nach Asphalt.

WENN MAN EINE GRAPEFRUIT ISST, KANN SICH DAS AUF MEDIKAMENTE UND IHRE WIRKUNG AUSWIRKEN. DAS IST BEI GANZEN 43 VERSCHIEDENEN MEDIKAMENTEN SO.

Der Erfinder des Zauberwürfels, Erno Rubik, brauchte beim ersten Versuch einen Monat, um den Würfel zu lösen. Inzwischen liegt der Weltrekord bei nur noch 4,22 Sekunden.

Der Mann, der 1991 die Mumie Ötzi entdeckt hatte, wurde 2004 erfroren im Eis gefunden. Er hatte also das gleiche Schicksal wie Ötzi 5000 Jahre zuvor.

> DIE KLEINEN LÖCHER AUF DER UNTERSEITE VON TIEFKÜHLPIZZAS SIND DAFÜR DA, DASS SICH KEINE LUFTBLASEN IM TEIG BILDEN KÖNNEN.

Es gibt eine Barbiepuppe, die aussieht wie Angela Merkel, die Bundeskanzlerin von Deutschland.

Das Wort Winter ist abgeleitet von dem althochdeutschen Wort „wintar". Es heißt „weiße Zeit".

WENN WASSERMELONEN GEBRATEN WERDEN, VERÄNDERN SIE SICH SO, DASS MAN SIE SOGAR ALS FLEISCHERSATZ VERWENDEN KANN.

Das meiste verdienen Kinos mit dem Verkauf von Süßigkeiten und Getränken. Das Geld für die Tickets muss zu einem großen Teil an die Vertreter der Filme abgegeben werden.

Es gibt eine Sportart, bei der die Sportler versuchen, unter möglichst schwierigen Bedingungen Wäsche zu bügeln. Das passiert dann zum Beispiel auf dem Gipfel eines Berges. Man nennt es „Extrembügeln".

Die Bezeichnung „Bluetooth" wurde nach einem König benannt. Er hieß Harald Blauzahn (englisch: Bluetooth) und lebte im 10. Jahrhundert. Er schaffte es, Norwegen und Dänemark zu vereinen. Und genau das tun auch Bluetooth-Geräte – sie vereinen Computer und Handys.

Wenn man vor einer Prüfung seine Ängste aufschreibt, hilft es gegen die Prüfungsangst und man schreibt bessere Noten.

30 der ersten 31 Päpste wurden ermordet. Die meisten wurden zu den damaligen Zeiten gemartert. Das heißt, sie wurden zu Tode gequält.

AM VALENTINSTAG 2004 WURDE DER GRÖSSTE DIAMANT ALLER ZEITEN ENTDECKT. DABEI HANDELT ES SICH UM EINEN STERN IM ALL NAMENS LUCY. ER IST UNGEFÄHR 50 LICHTJAHRE VON DER ERDE ENTFERNT UND WIEGT ZEHN MILLIARDEN BILLIONEN BILLIONEN KARAT.

Das Geräusch der Laserschwerter in *Star Wars* wurde aus einer Mischung aus dem Summen eines alten Fernsehers und dem Geräusch gemacht, das ein Filmprojektor im Leerlauf von sich gibt.

Manche Banken haben Psychologen, die sich nur um die ultrareichen Kunden kümmern, die nicht wissen, wie sie mit ihrem ganzen Reichtum umgehen sollen.

ES IST WAHRSCHEINLICHER, IN NEW YORK VON EINEM MENSCHEN GEBISSEN ZU WERDEN ALS VON EINEM HAI IM MEER.

Wenn ein Monat mit einem Sonntag beginnt, hat er einen Freitag den 13.

Das Krümelmonster in der *Sesamstraße* hat einen Namen — es heißt Sid.

2007 HOLTE SICH EIN MANN NAMENS KEVIN SHELLEY DEN WELTREKORD IM TOILETTENSITZEBRECHEN. ER ZERSCHLUG INNERHALB VON EINER MINUTE 46 HÖLZERNE TOILETTENSITZE MIT SEINEM KOPF.

„Boanthropy" ist eine psychische Krankheit, bei der die Erkrankten meinen, sie wären ein Ochse oder eine Kuh.

In einem Raum durchschnittlicher Größe ist so viel Luft, dass sie ungefähr 50 Kilogramm wiegt.

JEDER PIXAR-FILM ENTHÄLT EINEN HINWEIS AUF DEN PIXAR-FILM, DER ALS NÄCHSTES KOMMT.

Wenn man 1089 mit 9 multipliziert, erhält man die gleiche Zahl rückwärts gelesen: 9801.

Je mehr man sich anstrengt, endlich einzuschlafen, umso weniger gelingt es.

DER 17. AUGUST IST DER TAG FÜR DIE ANERKENNUNG VON SCHWARZEN KATZEN. FRÜHER DACHTE MAN, DASS SCHWARZE KATZEN UNGLÜCK BRINGEN.

Das Wort „Läufer" steht im *Guinessbuch der Rekorde*, weil es die meisten Bedeutungen von allen deutschen Wörtern hat.

Bei Ausgrabungen wurden Puffmaiskörner gefunden. Sie waren über 4000 Jahre alt. Das heißt, dass die Menschen schon damals eine Art Popcorn gegessen haben.

IN GROßBRITANNIEN GIBT ES EINE WISSENSCHAFTLERIN, DIE FÜR DEN GESCHMACK VON SCHOKOLADEN VERANTWORTLICH IST. SIE HAT SICH IHREN GESCHMACKSSINN FÜR EINE MILLION PFUND VERSICHERN LASSEN.

In der *Star-Wars*-Episode Nummer drei wurden sämtliche Klonsoldaten mit dem Computer „hergestellt".

Es gibt eine Internetseite (Midomi.com), auf der man Lieder, deren Titel man vergessen hat, suchen kann, indem man für ungefähr zehn Sekunden die Melodie summt oder pfeift.

2005 STARBEN ZWEI FRAUEN, WEIL SIE VON IHREM KLAPP-BETT EINGEKLEMMT WURDEN.

Wenn Chirurgen drei Stunden in der Woche an der Spielekonsole verbringen, machen sie bei den Operationen weniger Fehler und können schneller arbeiten.

2011 züchtete die Australierin Christine McCallum die größte Ananas der Welt. Sie war 32 Zentimeter lang und wog 8,28 Kilogramm.

Man hat herausgefunden, dass Menschen in einer Buchhandlung mehr romantische Bücher kaufen, wenn es dort nach Schokolade riecht.

In England hat sich ein Mann selbst einen neuen Namen gegeben: Emperor Spiderman Gandalf Wolverine Skywalker Optimus Prime.

Zur Zeit der Azteken konnte man einen Sklaven für 100 Kakaobohnen kaufen.

Die Queen von England hat eine eigene Geheimsprache mithilfe ihrer Handtasche entwickelt. Wenn sie die Tasche von einem Arm zum anderen wechselt, heißt das für ihr Gefolge, dass sie ein Gespräch beenden will.

Die Schauspielerin, die 1937 dem Schneewittchen im Disney-Klassiker *Schneewittchen und die sieben Zwerge* ihre Stimme gab, verpflichtete sich dazu, bis zu ihrem Tod nie mehr in einem Film oder auf einer Bühne aufzutreten. Damit wollten die Macher von Disney die Stimme von Schneewittchen als einzigartig erhalten.

Die häufigsten Gründe für schlechte Laune sind Hunger und Müdigkeit.

„Lachanophobie" ist die Angst vor Gemüse. Menschen, die davon betroffen sind, empfinden Angst, Ekel und sogar Panik, wenn sie Gemüse sehen oder anfassen sollen.

Brokkoli, Bananen, Erdbeeren, Brombeeren und vieles Obst und Gemüse mehr wurden vom Menschen gemacht. Dafür wurden andere Früchte so umgezüchtet, dass am Ende das herauskam, was wir heute kennen.

Schon vor Christi Geburt wurden hochhackige Schuhe erfunden. Damals trugen sie aber nur Männer. Sie halfen ihnen, beim Reiten nicht so leicht aus den Steigbügeln zu rutschen.

MAN HAT HERAUSGEFUNDEN, DASS ES GEFÄHRLICHER IST, WENN MAN WÄHREND EINER AUTOFAHRT EINE HAND AM HANDY HAT, ALS WENN MAN BETRUNKEN FÄHRT. BEIDES MACHT DEN FAHRER UNKONZENTRIERT – DAS KANN SEHR GEFÄHRLICH WERDEN.

Die Achterbahn wurde erfunden, weil man früher die in den Bergwerken abgebaute Kohle in Wagen auf Schienen beförderte. Als man sah, wie schnell sie dabei wurden, kam man auf die Idee, dass man auch Menschen damit befördern und Geld dafür verlangen könnte.

Bis 2015 durfte in japanischen Klubs nach Mitternacht nicht getanzt werden. Das Gesetz dazu stammte aus dem Jahr 1948 und wurde erst fast 70 Jahre später wieder aufgehoben.

IN CORNWALL WERDEN BIS HEUTE BEI STÜRMISCHER SEE LEGOTEILE WIE DELFINE, DRACHEN UND KRAKEN AN LAND GESPÜLT. DAS PASSIERT, WEIL EIN FRACHTSCHIFF 1997 IN EINEN STURM GERIET UND DABEI 4,8 MILLIONEN LEGOTEILCHEN INS WASSER GESPÜLT WURDEN, DIE DER FRACHTER AN BORD HATTE.

Micky Maus war der erste Comic-Charakter, der in den Filmen sprechen konnte. Ihre ersten Worte im Jahr 1929 waren: „Hot Dogs".

Fast 50 Millionen Twitter-Accounts werden nicht von Menschen, sondern von „Bots" betrieben. Das heißt, dass hinter diesen Seiten kein Mensch, sondern ein Computerprogramm steckt.

Das Wort Stau ist die Abkürzung für „stehende Autos".

„Anatidaephobie" nennt man die Angst davor, dass man von einer Ente beobachtet wird.

Orangen werden meistens in roten Netzen verkauft, weil das Orange hinter dem Rot besser wahrgenommen wird. Es ist eine optische Täuschung — man nennt sie auch den Munker-White-Effekt.

Russische Kosmonauten nahmen früher immer Gewehre mit auf die Reise ins All. Aber sie waren nicht für die Jagd auf Aliens gedacht, sondern für den Fall, dass sie bei ihrer Landung in Sibirien ankommen würden. Denn dort gibt es viele hungrige Bären.

Google hat für Google Maps ein Kamel mit einer Kamera ausgestattet. Jetzt können wir die Landkarte auch in der Wüste benutzen.

Es würde knapp 40 000 Euro kosten, wenn man ein Jahr lang wie Harry Potter die Hogwarts-Schule für Zauberei besuchen könnte.

DIE HÄLFTE DER SCHOKOLADE, DIE AUF DER GANZEN WELT HERGESTELLT WIRD, ESSEN DIE AMERIKANER.

Es dauert ungefähr 12 Sekunden, wenn man bis 24 zählt.

Die Glückskekse, die man nach einem Essen in einem chinesischen Lokal bekommt, wurden in Amerika erfunden.

ALLE 0,05 SEKUNDEN STERBEN 97 HÜHNER WELTWEIT. DAS LIEGT DARAN, DASS SIE IN DEN MEISTEN LÄNDERN EINES DER HAUPTNAHRUNGSMITTEL SIND.

Wenn man mehr als 30 Tuben Zahnpasta essen würde, wäre das tödlich. Das liegt an den Stoffen, die in der Pasta sind, wie zum Beispiel das Fluor – in zu hohen Mengen wird es ungesund bis tödlich.

Wissenschaftler haben herausgefunden, dass Malen beruhigt und entspannt.

DAS WORT „RAP" IST UNTER ANDEREM EINE ABKÜRZUNG FÜR „RHYTHM AND POETRY". DAS BEDEUTET „RHYTHMUS UND POESIE".

> Wenn man bei Google „Google" in Spiegelschrift eingibt, gelangt man auf eine Seite, auf der alles spiegelverkehrt ist.

Man hat herausgefunden, dass sich Menschen, die frühstücken, fitter und besser fühlen als diejenigen, die ohne Frühstück in den Tag starten.

ES GIBT AUCH REGENBOGEN IN DER NACHT – SIE HEISSEN MONDREGENBOGEN UND ENTSTEHEN DURCH DAS MONDLICHT. WEIL DER MOND ABER RECHT WENIG LICHT ERZEUGT, SIND DIE MONDREGENBOGEN AUCH NUR GANZ SELTEN ZU SEHEN.

Um 1500 lebte Hans Staininger in Braunau am Inn. Er war für seinen Bart berühmt, der zwei Meter lang war – der längste Bart der Welt. Normalerweise trug er ihn aufgerollt in seiner Tasche. Als er aber in einen Brand geriet, wickelte sich der Bart um seine Füße, sodass er stolperte und sich dabei den Hals brach und starb.

1887 hat man die größte Schneeflocke der Welt gefunden – sie war so groß wie eine Frisbeescheibe.

ALS DIE ERSTEN GESCHICHTEN VON SUPERMAN ERSCHIENEN SIND, KONNTE DER SUPERHELD NOCH NICHT FLIEGEN. DAS KAM ERST IN DEN SPÄTEREN BÜCHERN.

Der höchste Legoturm der Welt ist 35 Meter hoch. Er wurde 2016 in Günzburg gebaut.

Eine Frau versuchte sich das Leben zu nehmen und sprang aus dem 86. Stockwerk des Empire State Building (das ist ein Wolkenkratzer in New York). Sie überlebte, weil eine Windbö sie im 85. Stock wieder zurück ins Haus blies.

STUDIEN HABEN ERGEBEN, DASS KLEINKINDER IHREN ELTERN UNGEFÄHR ALLE ZWEIEINHALB MINUTEN EINE FRAGE STELLEN.

Der Autor des berühmten Buchs *Dracula*, Bram Stoker, war nie in Transsilvanien, dem Geburtsort des Grafen. Der Ire schrieb mit diesem Buch die Vorlage für alle anderen Vampirgeschichten, hat aber nie selbst gesehen, wie es in Transsilvanien aussieht.

Ein Polizeibeamter in Amerika hat es geschafft, mehr als 200 Menschen davon abzuhalten, von der Golden Gate Bridge — einer großen Brücke in San Francisco — zu springen. Die Brücke ist bekannt dafür, dass sie von Menschen aufgesucht wird, die sich das Leben nehmen wollen. Der Polizist hat mit all diesen Menschen so lange gesprochen, bis sie gerettet waren.

Im 16. und 17. Jahrhundert war es noch üblich, menschliche Überreste in Medizin zu mischen. Man dachte, es würde helfen, wenn man zum Beispiel die Knochen eines Toten zerreibt und mit in die Medizin gibt.

1942 hatte es ein Junge in Amerika geschafft, sich ins Militär zu mogeln, indem er ein falsches Alter angab, dabei war er erst zwölf Jahre alt. Nachdem seine Mutter das herausgefunden hatte, wurde er wieder entlassen.

Bei einem großen Tennisturnier in Brasilien wurden Hunde aus dem Tierheim dazu abgerichtet, die Bälle aufzusammeln. Auf diese Weise konnte man zeigen, wie gut die Tiere lernen können und welchen Spaß das macht. Nach dem Turnier wurden viel mehr Hunde adoptiert als zuvor.

Ein Flug von Brüssel nach Wien musste einmal abgebrochen werden, weil die Katze eines Passagiers aus ihrer Transportbox ausgebrochen war und den Piloten angegriffen hatte.

Der Film *Der König der Löwen* sollte ursprünglich *Der König des Dschungels* heißen – bis die Filmemacher herausfanden, dass Löwen meistens nicht im Dschungel leben.

Die British Library (Britische Nationalbibliothek) in London besitzt so viele Bücher, dass ein Mensch, der fünf Bücher an einem Tag lesen könnte, ungefähr 80 000 Jahre brauchen würde, bis er alle gelesen hätte. Dort gibt es so viele Medien wie in keiner anderen Bibliothek auf der ganzen Welt.

MAN HAT HERAUSGEFUNDEN, DASS SCHOKOLADENEIS STRESS UND ÄNGSTE LINDERN KANN.

In Amerika ist es verboten, den Netflix-Account von einem Freund zu benutzen. Über Netflix kann man sich gegen Bezahlung im Internet Filme anschauen.

Zur Volkswagen-Gruppe gehören auch die Marken Bentley, Bugatti, Porsche, Lamborghini, Audi und Ducati.

WENN SICH EIN TORNADO ÜBER DEM WASSER BILDET, KANN ES PASSIEREN, DASS ER KLEINERE FISCHE AUS DEM WASSER ZIEHT. DIESE FISCHE „REGNEN" DANN SPÄTER WIEDER AUF DIE ERDE, SOBALD DER WIRBELWIND ÜBERS LAND ZIEHT.

Die Vorwahl für Russland ist 007.

Der große Feldherr Napoleon musste einmal vor Tausenden Hasen fliehen. Obwohl er so viele Schlachten gewonnen hatte, blieb dem damals mächtigsten Mann Europas nichts anderes übrig, als um sein Leben zu rennen. Man ließ die Hasen frei, um sie zu jagen. Aber sie liefen nicht wie erwartet weg, sondern griffen ihre Jäger an.

DER SPORTARTIKELHERSTELLER NIKE HEISST ERST SEIT 1971 SO – DAVOR NANNTE ER SICH „BLUE RIBBON SPORTS". DAS HEISST SO VIEL WIE „BLAUES-BAND-SPORT".

Man hat herausgefunden, dass Facebook traurig machen kann. Das liegt daran, dass man meistens nur sieht, wie alle Freunde tolle Erlebnisse posten. Deshalb denkt man dann irgendwann, dass sie viel mehr Spaß haben als man selbst.

Es dauert zwei Jahre, bis eine Ananas ausgewachsen ist.

INZWISCHEN GIBT ES SCHWIMMANZÜGE, MIT DENEN MAN FAST GENAUSO WIE EIN FISCH DURCHS WASSER GLEITET. SIE HABEN EINE SPEZIELLE OBERFLÄCHE, DIE DAS MÖGLICH MACHT.

Das Gehirn des genialen Wissenschaftlers Albert Einstein verschwand nach seinem Tod. Es war über 20 Jahre lang wie vom Erdboden verschluckt. Der Arzt, der es untersuchen sollte, hatte es gestohlen und zerteilt. Er gab einige Teile anderen Ärzten zur Untersuchung – den Rest füllte er in Einmachgläser und lagerte sie die ganze Zeit in seinem Keller.

Die größte Limousine der Welt ist 31 Meter lang und hat 26 Räder. In ihrem Inneren ist ein Wasserbett und außen kann sogar ein kleiner Hubschrauber landen.

Mark Zuckerberg, der Gründer von Facebook, hat eine Rot-Grün-Sehschwäche. Das bedeutet, dass man die Farben Rot und Grün schlechter unterscheiden kann als Normalsichtige. Deshalb ist die Facebook-Seite hauptsächlich blau.

Daniel Radcliffe, der Darsteller von Harry Potter, hat während der Dreharbeiten mehr als 80 Zauberstäbe zerbrochen, weil er mit ihnen Schlagzeug gespielt hat.

2002 gewann Tom Johnson ein Rennen gegen ein Pferd. Die Strecke war 80 Kilometer lang und er brauchte fünf Stunden und 45 Minuten. Damit war er am Ende zehn Sekunden schneller als das Pferd.

Es gibt eine bestimmte Menge an Haaren und Insekten, die in Lebensmitteln sein dürfen, ohne dass es eine Strafe dafür gibt.

Die Farben der fünf Ringe (Blau, Gelb, Rot, Schwarz und Grün) für das olympische Logo sollen die fünf Kontinente darstellen, die durch die Spiele vereint werden.

Bei der Herstellung mancher Süßigkeiten verwendet man dasselbe Wachs wie für Autopolituren. Es heißt Carnaubawachs.

WEIßE SCHOKOLADE IST IM GRUNDE GAR KEINE SCHOKOLADE, WEIL SIE KEINEN KAKAO ENTHÄLT.

Man hat herausgefunden, dass es Orte auf der Welt gibt, an denen die Menschen älter als an anderen Orten werden. Alle diese Orte haben ein paar Dinge gemeinsam: Dort ist es angenehm warm, das Essen ist gesund und leicht und die Menschen lassen alles etwas ruhiger angehen.

Mehr als die Hälfte aller Menschen auf der Welt haben noch nie in ihrem Leben Schnee gesehen.

WENN MAN EINEN APFEL ZUM FRÜHSTÜCK ISST, MACHT DAS WACHER, ALS WENN MAN EINEN KAFFEE TRINKT. DAS LIEGT AN SEINEN GESUNDEN INHALTSSTOFFEN.

Gelatine, die zum Beispiel für die Herstellung von Gummibärchen gebraucht wird, besteht aus Rinder- und Schweineknochen, Sehnen und Knorpeln.

Es gibt auch Feuerwerke ohne Krach. Sie sind für Tiere und kleine Kinder sehr viel angenehmer als die lauten Explosionen der üblichen Feuerwerke.

224 Seiten
16,99 € (D) | 17,50 € (A)
ISBN 978-3-7423-0190-1

Pemerity Eagle
Das inoffizielle Harry-Potter-Buch der Zauberei
Geheimes Wissen von A wie Accio bis Z wie Zentaur

Vorsicht, dieses Buch enthält geheimes Zauberwissen! Wer es besitzt, dem öffnen sich die geheimen Tore der Hogwarts-Schule für Hexerei und Zauberei.

Willst du wissen, welches der mächtigste aller Liebestränke ist, welche Zutaten du brauchst, um ein Gegengift zu mixen, oder mit welchem Zauberspruch du verschlossene Türen und Fenster öffnen kannst, dann brauchst du diesen reich illustrierten Wissensschatz. Das inoffizielle Harry-Potter-Buch der Zauberei versammelt nicht nur die bekanntesten Zaubersprüche und Zaubertränke aus den sieben Harry-Potter-Bänden, es besticht auch durch spannende Hintergrundinformationen, eine Vielzahl an praktischen Anleitungen und jede Menge Wissenswertes über die von J. K. Rowling beschriebenen magischen Orte, Zauberer und Hexen.